# IN MEMORIAM

PAR

EUGÈNE ASSE

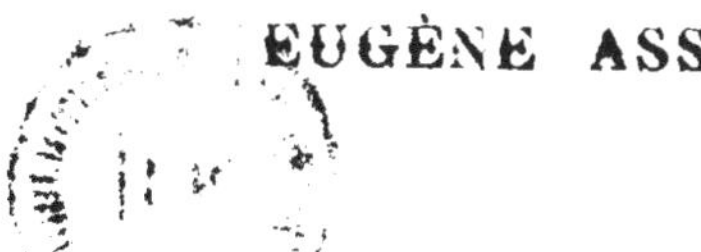

> Un seul être vous manque, et tout est dépeuplé !
>
> LAMARTINE, *Méditations* : L'Isolement.

AVEC SEPT HÉLIOGRAVURES

PARIS

M DCCC XCVII

IN MEMORIAM

*Tiré à 60 exemplaires numérotés sur papier de Hollande, non mis dans le commerce.*

EXEMPLAIRE POUR LE DÉPÔT LÉGAL

# IN MEMORIAM

PAR

EUGÈNE ASSE

> Un seul être vous manque, et tout est dépeuplé !
>
> LAMARTINE, *Méditations* : L'Isolement.

AVEC SEPT HÉLIOGRAVURES

PARIS

M DCCC XCVII

Madame Eugène Asse
née Marie Amélie Besançon
1831-1895

*Un seul être vous manque, et tout est dépeuplé !*

LAMARTINE, *Méditations* : L'Isolement.

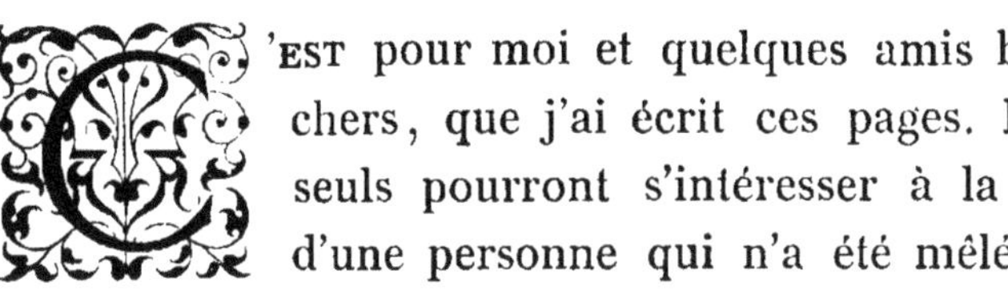

C'EST pour moi et quelques amis bien chers, que j'ai écrit ces pages. Eux seuls pourront s'intéresser à la vie d'une personne qui n'a été mêlée à aucun événement de l'Histoire, qui n'a passé sur la terre qu'en faisant le bonheur des siens, et n'a laissé après elle que le souvenir de sa grâce et de sa bonté.

Mais comment me serais-je refusé à la satisfaction, l'unique qui me reste maintenant, de ranimer par la pensée Celle qui a été tout pour moi, de prolonger, pour quelques jours encore sur l'abîme du temps, la mémoire d'une existence qui me fut si chère, et sans laquelle le monde aujourd'hui ne m'est plus rien ?

Le respect des grandes douleurs a aussi ses cruautés. Par crainte de les entretenir, de les raviver, on évite de leur parler de ceux qui ne sont plus; par un secret complot, qu'on croit une charité, et qui est une nouvelle épreuve, on fait le silence sur ces pauvres absents qui ne reviendront jamais, jamais plus : et ce silence, qui complète celui de la tombe, n'est pas le moins lourd à porter.

J'ai donc voulu me parler à moi-même de Celle qui n'est plus là pour parler avec moi, et de qui on ne me parle pas.

Que ces sentiments soient mon excuse, si j'en ai besoin, pour ces pages que je ne destine pas au public. Peut-être aussi toucheront-elles un jour quelqu'un qui les lira par hasard. Si elles éveillent alors pour Celle qui les a inspirées un peu de cette sympathie dont elle fut entourée de son vivant, et pour celui qui les a écrites dans la solitude de sa vie désolée quelque compatissante indulgence, elles auront obtenu la seule approbation qui leur convienne.

E. A.

Passy-Paris, 22 août 1897.

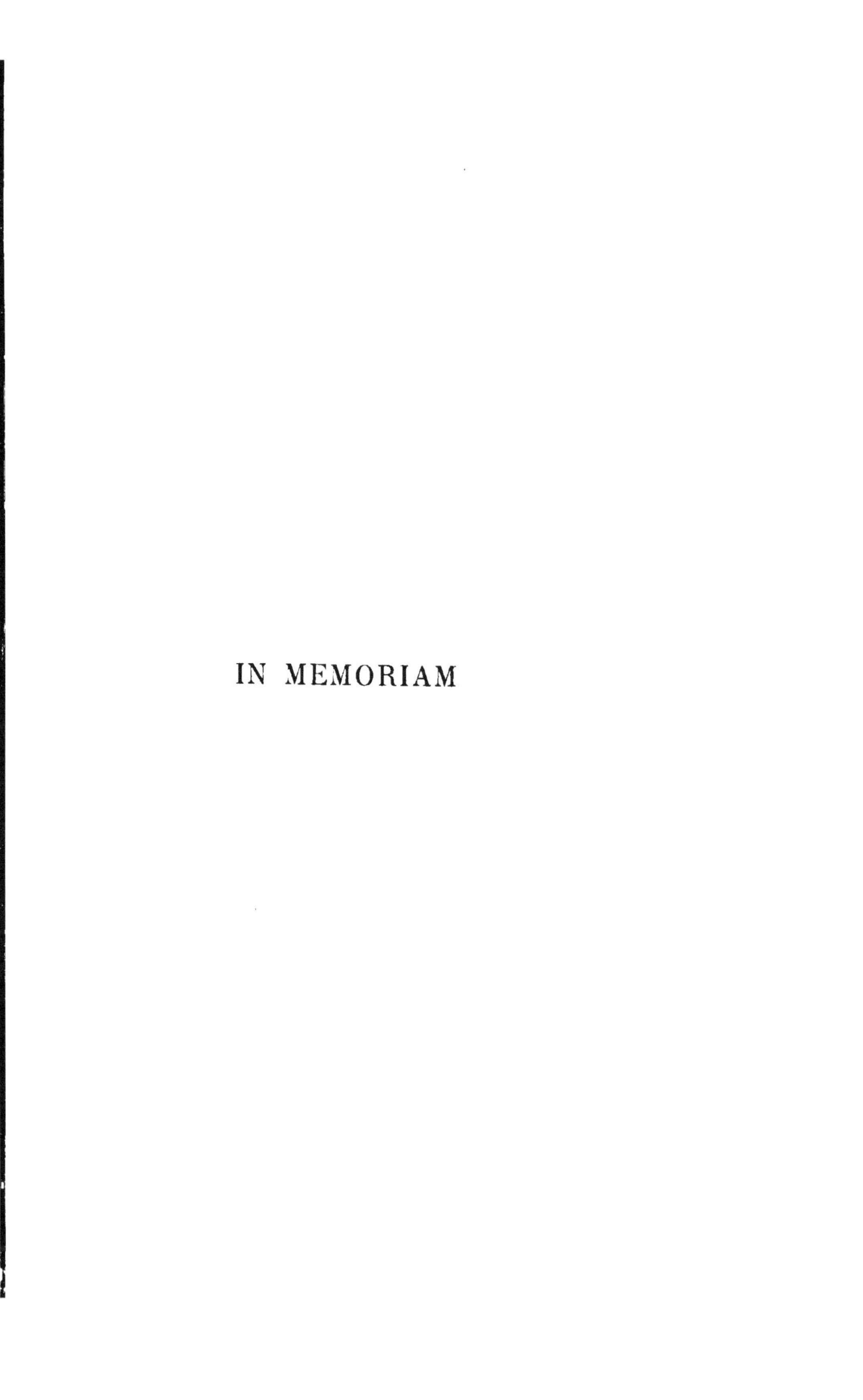

IN MEMORIAM

*A perfect woman, — nobly planned,*
*To warn, to comfort, and command;*
*And yet a spirit, still and bright*
*With something of an angel light.*

WORDSWORTH, To Mary.

# IN MEMORIAM

## I

Par le hasard des circonstances, Marie-Amélie Besançon, dont les parents avaient jusque-là habité Paris, naquit à Maisse, petite commune du département de Seine-et-Oise, le 23 octobre 1831. C'est dans ce modeste village, que son père, qui fut un médecin distingué, avait débuté dans une carrière dont les commencements, toujours difficiles, l'avaient été particulièrement pour lui.

Jean-Baptiste Besançon ne s'était pas tout d'abord destiné à la médecine. Originaire des Vosges[1], venu jeune à Paris, il était entré à l'administration des télégraphes.

1. Il était né, le 3 janvier 1782, à Essart, département du Haut-Rhin, canton de Belfort, de Pierre-Joseph Besançon et d'Anne-Marie Chevillot.

Mais un goût prononcé pour les sciences naturelles l'entraîna bientôt hors du cercle étroit de la routine administrative, et il consacra à leur étude toutes ses heures de loisir. La botanique l'avait attiré la première, peut-être parce qu'elle se conciliait davantage avec les libres promenades dans les environs de Paris que lui permettaient, le dimanche, ses devoirs d'employé de l'État. Les scènes de la nature avaient aussi beaucoup d'attrait pour lui. Enfant des côteaux forestiers de l'Alsace, il se ressentait de son origine, et aimait avec passion à parcourir les bois de Meudon, les forêts de Montmorency, de Senart, l'herbier au côté, la loupe au gousset, à la recherche des plantes médicinales, ou de quelques espèces plus rares dont la rencontre était sa joie innocente et son naïf orgueil.

De la botanique à la médecine il n'y a qu'un pas. Il le franchit. Mais alors commencèrent les grandes difficultés. La médecine ne s'apprend pas seulement dans les livres. Il faut disséquer et aller à l'amphithéâtre d'anatomie ; il faut s'initier à la pratique, fréquenter l'hôpital, assister à la visite des grands médecins. Quelque bien doué que l'on soit, il est indispensable de suivre les cours des professeurs qui seront vos juges, si le jour de l'examen on ne veut pas être un intrus pour eux. Comment concilier tout cela avec ses devoirs d'employé, dans une administration qui n'était pas réputée pour son indulgence? Mais la véritable vocation triomphe de tout : comme la foi, elle soulève des montagnes. M. Besançon tourna ou vainquit toutes ces difficultés. Il fit plus que conquérir ses grades, il s'acquit l'estime de ses maîtres, l'amitié de quelques-uns. L'illustre docteur Marjolin fut du nombre de ceux-ci.

L'union qu'il contracta, le 15 février 1827, avec Suzanne-Aimée Onfroy, ne fut pas sans influence sur l'heureux résultat de ses efforts. Elle lui rendit toute son énergie, un instant abattue. Intelligence, beauté, Mlle Onfroy avait tout ce qu'il faut pour charmer un époux et lui inspirer l'ardent désir d'améliorer la situation qu'il partageait avec elle. Deux ans et demi s'étaient à peine écoulés que la carrière médicale lui était ouverte.

Mais un diplôme de médecin ne donne pas une clientèle, et elle se fait parfois longtemps attendre. Plus jeune, n'ayant pas les devoirs d'un chef de famille, M. Besançon serait resté à Paris, sacrifiant le présent à l'ambition légitime d'un brillant avenir. Dans sa position, la prudence devait l'emporter, ou plutôt elle fut sa seule conseillère. A l'incertitude des débuts d'un médecin à Paris, il préféra la clientèle modeste mais sûre d'un médecin de campagne. On lui offrait la place d'un confrère dans un village du département de Seine-et-Oise qui ne comptait guère qu'un millier d'habitants : il accepta.

Située entre Étampes et Milly, à sept kilomètres de celui-ci et à soixante-cinq de Paris, la commune rurale de Maisse, aujourd'hui petite station du chemin de fer de Montargis, est au centre d'une contrée ondulée et rocheuse, qu'arrosent des eaux limpides, et dont le sol creusé en étroites vallées est un heureux mélange de prairies herbues, de riants vergers, de petits bois qui se relient à la grande forêt de Fontainebleau. Assise, à une moyenne altitude, sur la rive gauche de l'Essonne, et adossée à un rocher de ce grès commun à toute la région, elle est pittoresquement dominée par son église gothique du XIIIe siècle. Ses alentours, avec les bois de Courdimanche au nord, de Milly à l'est, de Vayres et de

Bouville à l'ouest, et leurs villages clairsemés de Jarcy, Audigers, Courdimanche, Gironville, Prunay, Boigneville, offrent l'aspect d'une contrée paisible, aimable et prospère.

C'est là, treize mois après l'établissement de ses parents, que naquit Marie-Amélie. Sa mère, dont la jeunesse avait entendu l'écho encore puissant des théories de J.-J. Rousseau [1], l'écrivain de son cœur, et qui d'ailleurs n'avait pas besoin que rien exaltât sa tendresse passionnée pour sa fille, voulut la nourrir elle-même. Peut-être ce nouveau lien unit-il encore davantage la mère à l'enfant et à la mère l'enfant qui lui devait comme une seconde fois la vie. Ce qui est certain, c'est que jamais deux êtres ne se fondirent plus complètement dans un mutuel amour. C'était un spectacle touchant que cette tendresse qui se révélait de mille façons charmantes.

Si M. Besançon n'eût écouté que son cœur et les habitants de Maisse, dont il avait acquis l'affection, il aurait borné sa vie à cet étroit horizon. Personne en effet ne se fit une idée plus haute de sa profession : c'était bien au service de l'humanité souffrante que, dans sa pensée, le médecin, sans compter avec la fatigue et le danger, devait mettre toute son activité et son intelligence. La vie du médecin de campagne est plus rude que celle de son confrère des villes. Par de mauvais chemins, l'hiver sous la pluie ou la neige, l'été sous l'ardent soleil, il lui faut parcourir de longues distances pour visiter des malades dispersés toujours sur la vaste étendue d'un canton, et auxquels il doit bien souvent ap-

1. Elle était née à Paris le 16 août 1793, de Yves Onfroy et de Suzanne Vautier.

porter lui-même les médicaments, s'il ne veut pas qu'ils soient pris trop tard. Plus qu'à la ville, sa fatigue croît avec sa clientèle, car c'est sur d'autres communes, d'autres cantons qu'elle s'étend peu à peu et non sur une même agglomération d'habitants. Qu'on se reporte à soixante-cinq ans en arrière, quand le premier chemin de fer n'existait pas encore, que le réseau vicinal commençait à peine à se développer et l'entretien à s'en régulariser, et l'on aura une idée du rude labeur du médecin de campagne, qui cependant à la fin de l'année, après beaucoup de fatigues et d'anxiétés professionnelles, n'en était pas plus riche, quand il n'en était pas plus pauvre.

Cela était vrai surtout de M. Besançon, qui, s'il ne ménageait guère sa santé, ne comptait pas davantage avec sa bourse. Sans parler des visites qui bien souvent ne lui étaient payées qu'en reconnaissance, plus d'une fois il laissa sur la table de son malade l'argent dont celui-ci manquait pour se procurer les médicaments indispensables ou une nourriture moins grossière. Aussi les regrets furent-ils universels à Maisse et dans tout le canton de Milly, lorsque, après deux années d'exercice de sa profession, le 28 juillet 1832, il quitta ce petit pays, où il s'était fait de tous les habitants des amis, et où quelques-uns l'appelaient leur bienfaiteur.

Une heureuse circonstance le rappelait sinon à Paris, du moins dans ses environs immédiats. Un de ses maîtres, le docteur Marjolin, qui s'intéressait à son avenir, lui avait parlé d'une situation enviable, devenue vacante à Clichy, où il avait lui-même une maison de campagne. La clientèle présente était sûre, assez nombreuse, et avec le savoir, le zèle qu'il connaissait à son ancien élève, elle pouvait s'augmenter rapidement. Les nouveaux devoirs qu'imposait à M. Besançon sa famille accrue, ne lui permettaient pas d'hésiter. C'est ainsi que le bon docteur, accompagné de sa femme, qui donnait encore le sein à sa fille, vint vers la fin de 1833 s'établir à Clichy. Il ne devait plus le quitter jusqu'à sa mort.

Le père était le moins robuste des trois. Son courage et son zèle étaient grands, mais sa santé était petite : il ne l'avait jamais écoutée quand il s'agissait de ses malades, et cela n'avait pas arrêté le commencement d'asthme dont déjà il était atteint. Quant à Amélie, ses onze mois avaient singulièrement profité de l'air pur et vif de la campagne, payant ainsi avec usure les soins maternels toujours en éveil. D'apparence délicate, elle était cependant robuste, et sur ses traits d'une finesse extrême étaient répandues les roses de la santé. Ce teint éblouissant ne devait pas pâlir au séjour des villes, et l'âge l'altèrera à peine.

A cette époque, Clichy-la-Garenne n'était pas encore, comme aujourd'hui, un des centres ouvriers et industriels les plus considérables du département de la Seine, le rival de Saint-Denis; sa population, quoique nombreuse, était loin d'avoir atteint le chiffre de 27.000 habitants qu'elle compte à présent. Tout en ayant déjà un caractère industriel très marqué dans ses mœurs, dans ses habitants, dans ses constructions, cette commune conservait quelque chose de l'aimable et champêtre aspect qu'elle avait eu autrefois, lorsque les Beaumont, les Macé de la Bazinière, les Bautru, marquis de Vaubrun, plus récemment le célèbre financier Grimod de la Reynière, y avaient leurs maisons de plaisance, ou plutôt leurs châteaux et leurs parcs magnifiques. Aux toits abaissés et enfumés des ateliers, des usines, des fabriques de produits chimiques, de bougies ; aux blanchisseries, aux teintureries, aux distilleries, se mêlaient, surtout vers Neuilly et Saint-Ouen, de fraîches oasis verdoyantes dont les grands arbres, les belles pelouses entouraient quelque noble demeure de l'autre siècle ou bien la coquetterie bourgeoise des maisonnettes que des commerçants parisiens s'étaient construites dans les lots d'un parc récemment dépecé par la *bande noire*.

A la vie rurale, sans mélange, de Maisse, à ses collines boisées, à ses vastes horizons, avait succédé le spectacle d'une sorte de ruche ouvrière sans cesse en travail : on était plus loin de la nature, plus près de l'homme. Passionné pour sa profession qui, là, trouvait largement à s'exercer, M. Besançon ne regretta pas ce changement. Quant à sa femme, elle était trop occupée de la santé de sa fille, de son éducation bientôt, pour accorder beaucoup d'attention à ce qui se passait hors de l'appartement où était le berceau de son enfant, où elle lui apprenait ses premières lettres, apaisait ses gros chagrins, et la couvrait de baisers. Nous l'avons dit, l'amour maternel était chez Mme Besançon une ardente passion, et cette passion semblait grandir avec l'enfant qui en était l'objet. Cœur aimant, imagination vive, cette tendre mère n'y était pas seulement portée par une sensibilité extrême, elle trouvait encore dans son Amélie tout ce qui pouvait inspirer, développer cette passion, la justifier même, si cela eût été nécessaire. Jamais enfant ne fut, en effet, plus aimable, plus séduisante, plus affectueuse aussi. Bien que d'un naturel très vif, un peu irritable, il lui suffisait de voir sa mère, d'entendre sa voix, pour se calmer aussitôt, pour changer en sourire un commencement de tristesse ou de colère, en baisers un cri ou une plainte.

A six ans, un portrait que nous avons sous les yeux nous la représente déjà grande pour son âge; des cheveux, encore blondissants, tressés en nattes, encadrent un visage dans lequel se détachent de beaux yeux et un large front. La complexion est délicate, sans être frêle. La figure a tout à la fois un air de gravité et d'enjouement, qui restera le caractère distinctif de sa physionomie.

Ce portrait, elle le conserva toujours précieusement; non parcequ'il était son image, mais en souvenir des circonstances qui en avaient été l'occasion.

A Clichy, comme dans le canton de Milly, son père n'avait pas tardé à être la providence des malades et des malheureux. Parmi cette population ouvrière, où les misères étaient nombreuses, les accidents fréquents, sa bienfaisance avait autant d'emploi que son zèle. Dans des usines où tournaient les terribles roues d'engrenage, où fumaient les chaudières aux acides corrosifs, les blessures étaient souvent horribles. C'est même à cette circonstance que le père d'Amélie dût de voir se développer en lui le goût et les aptitudes qu'il avait toujours eus pour la chirurgie, mais qui jusque-là avaient rarement trouvé à s'exercer. Le docteur Marjolin, qui l'appréciait beaucoup sous ce rapport, louait l'habileté de ses pansements et la dextérité légère de sa main, petite, fine et nerveuse. Comme accoucheur il était incomparable.

Il fut un jour appelé auprès d'un jeune artiste qui venait d'être grièvement blessé. Le traitement fut long, difficile, et le client aurait eu bien de la peine à s'acquitter des soins que le médecin lui avait prodigués, si ce

Amélie Besançon

1837

médecin n'eût pas été M. Besançon. Il lui demanda de faire au crayon le portrait de sa fille. Le père, la mère furent ravis, et Amélie attacha toujours le plus grand prix à ce portrait, qui lui rappelait une bonne action de son père.

Cependant l'enfant grandissait et annonçait déjà la jeune fille. Sa croissance avait été rapide, son développement physique et intellectuel précoce. Les soins de sa mère, dont la tendresse n'était jamais en défaut ; les sages prescriptions, les conversations agréablement instructives de son père, les habitudes simples, régulières de la famille, y avaient contribué. Dans le beau jardin que la famille Besançon partageait avec deux vieilles demoiselles, habiles brodeuses en réputation sous l'Empire, retirées alors des affaires, la jeune Amélie jouait de longues heures et respirait à pleins poumons. Les plates-bandes étaient un peu foulées, la belle ordonnance des bordures dérangée, quelques fleurs brisées, quelques fruits froissés, les deux sages demoiselles grondaient pour la forme, mais tout finissait par des caresses de l'enfant et à l'enfant, car elle était aimée de tout le monde, comme elle captivait tout le monde par sa grâce, sa gentillesse et sa vive affection.

Son éducation avait commencé de bonne heure, ses parents étant ses premiers maîtres. Les leçons que son père lui donnait, avec un à-propos, une simplicité, une bonhomie qui leur enlevaient tout caractère pédantesque, à table, à la promenade, le soir au salon, à tous les moments enfin où sa clientèle lui laissait quelques loisirs, avaient une précision, un sens pratique qui développèrent de bonne heure la raison et les connaissances exactes de l'enfant. La botanique surtout eut beaucoup d'attrait pour elle. Nul doute qu'elle ne se fût avancée assez loin dans les sciences naturelles, si la mort ne fût venue prématurément interrompre les leçons du maître. Ces premières connaissances, du moins, ne s'effacèrent jamais de son esprit, et plus tard, devenue épouse, elle étonnait son mari, dans leurs excursions champêtres, par sa sûreté à reconnaître les plantes médicinales, à les nommer, et à en dire l'usage. Jamais éducation ne contribua plus que la sienne à établir entre les facultés de l'esprit et de l'âme une juste pondération, sans cependant affaiblir leur ressort. Cette éducation avait même quelque chose de viril, sans que le charme, la délicatesse, la grâce de la femme y perdissent rien. Quoique sensible et compatissante autant que personne, Mlle Besançon pouvait apercevoir le sang d'une blessure, ou contempler un squelette sans effroi. Combien de fois en effet n'avait-elle pas vu son père panser des blessés, et poursuivi ses jeux enfantins aux pieds de l'armoire vitrée où il conservait les pièces anatomiques qu'il avait préparées et articulées pendant ses années d'École.

Qu'on ne croie pas pour cela que la jeune Amélie ressemblât à une savante en herbe. Aucun enfant n'eut plus qu'elle la simplicité de son âge, l'élan, le naturel, la pensée primesautière. C'est que ces connaissances exactes, elle les acquérait de son père comme en se jouant et n'en prenait que la fleur. Et puis n'avait-elle pas à côté de son père, sa mère, dont la nature plus tendre, plus souriante, venait tempérer, rasséréner la gravité paternelle.

Mme Besançon, née à Paris en pleine Terreur, avait gardé de ce sinistre contact une sensibilité, nous ne dirons pas maladive, mais qui avait singulièrement développé en elle la vivacité des émotions du cœur, l'aptitude de l'esprit à recevoir de profondes empreintes. Plus que personne, elle était accessible aux charmes d'une belle campagne, à la mélancolie des bois que l'automne dépouille comme à la joie des premiers jours du printemps : la musique, la poésie, touchaient son cœur délicieusement. Elle versait de douces larmes à la lecture de *Mathilde*, de *Caroline de Lichtfield*, des amours d'Oswald et de Corinne. Elle sut par cœur les premiers vers de Lamartine, et chantait d'une voix pénétrante les romances de Blangini, de Monpou, de Loïsa Puget. Dans des cahiers d'extraits, pieusement conservés par sa fille, on trouve à côté des célèbres pièces du *Lac*, du *Vallon*, de Lamartine, la *Feuille*, d'Arnault ; la *Pauvre fille* et la *Nuit de Noël*, d'A. Soumet ; la *Chute des feuilles*, de Millevoye ; les beaux vers sur le Rossignol :

*Harmonieux enfant de la mélancolie...*

Sur les pages d'un petit carnet de cette époque, en maroquin rouge, à fermoir d'acier, elle avait écrit quelques pensées détachées, comme celles-ci :

« Le souvenir le plus beau est celui qu'on peut se rappeler sans rougir, celui que n'accompagne pas une pensée douloureuse ».

*
* *

« Lorsque tu es entrée dans la vie tu pleurais, et tout ce qui t'environnait, souriait. Agis de manière qu'à ta dernière heure, tu puisses sourire, et tout ce qui t'environnera, pleurer ».

Si, comme il est probable, elle pensait à sa fille en écrivant ces dernières lignes, le conseil qu'elles contiennent n'a pas été vain. Le lit de mort de la femme, de l'épouse et de l'amie, a été mouillé de plus de larmes encore que le berceau de l'enfant n'avait été entouré de sourires.

Ce qui dominait dans le caractère de la mère d'Amélie, c'était, à côté d'une grande tendresse, une douce mélancolie où le sourire se mêlait aux larmes. Chez elle plus que chez d'autres, la réalité avait blessé l'idéal, et son esprit un peu romanesque, ou plutôt nourri de fictions romanesques, ressentait d'autant plus l'amertume des espérances déçues ou des illusions perdues. C'était déjà un peu ce qu'on appelle aujourd'hui le pessimisme. N'est-ce pas ce sentiment qui dans ses *Mémoranda* lui faisait transcrire ces deux vers :

> L'espoir vient prendre l'homme en entrant au berceau
> Et d'espoir en espoir le conduit au tombeau.

Il n'en avait pas toujours été ainsi. L'heureux épanouissement de la vie avait empli le cœur et comme rayonné sur le visage de cette belle personne, en qui se mêlaient au sang normand de sa mère quelques gouttes de sang italien transmis par un ancêtre paternel. La fraicheur de son teint était relevé par le contraste d'une abondante chevelure noire, encadrant le pur oval de son visage. En avançant dans la vie, sa beauté s'était voilée de mélancolie, son sourire un peu empreint d'amertume. Mais rien de tout cela n'avait atteint le cœur de la mère, qui resta toujours aussi jeune, aussi chaud, aussi ouvert pour son enfant. Seulement, en voyant les tristesses, les découragements maternels, la jeune Amélie apprit de bonne heure à se faire une âme forte contre la desti-

Madame Besançon
née Suzanne-Aimée [illegible]
17[illegible]-1848

née, et, quelles que fussent les circonstances, à puiser le calme dans une admirable sérénité intérieure.

Dans la fille s'étaient ainsi fondues harmonieusement les qualités diverses et parfois contraires de ses parents : la sensibilité de sa mère, la calme raison de son père.

Quand l'été ne ramenait pas dans leur maison de campagne les riches propriétaires de Clichy, le général Jacqueminot, M. Barré, ancien directeur du Vaudeville, le docteur Marjolin, etc., la société y était peu nombreuse. Pour la famille Besançon, elle se composait surtout du maire, M. Buisson de Saint-Sulpice, puis de ses successeurs, MM. Saintard, Hugenet, Gillet, Fouquet ; des directrices de quelques grands pensionnats qui existaient dans la localité ; des divers membres du clergé de Clichy, les curés Heuqueville, Terrail, Lecot, qui se succédèrent dans cette cure, et de leurs auxiliaires.

Le temps n'était pas encore éloigné où cette paroisse, qui au XVIIe siècle eut à sa tête un Bourgoin, supérieur de l'Oratoire, et un saint Vincent de Paul, avait été, après la révolution de 1830, troublée par les adeptes du célèbre abbé Chatel, fondateur de la nouvelle Église française.

Le 14 février 1831, pendant qu'à Paris la populace dévastait Saint-Germain-l'Auxerrois, sous prétexte que la veille une messe y avait été dite en commémoration de la mort du duc de Berry, à Clichy quelques révolutionnaires chassaient de sa cure l'abbé Heuqueville, accusé d'avoir assisté à la cérémonie de Saint-Germain-l'Auxerrois. Quelques jours plus tard, ils intronisaient à sa place l'abbé Auzou, partisan, plus tard rival de l'abbé Chatel. Règne éphémère ! Toutefois, ce fut le 15 avril 1833 seulement que l'abbé Pierre Terrail, chanoine honoraire de Verdun, ancien aumônier des galères de France, fut régulièrement nommé à la cure de Clichy.

La paroisse de Clichy échappait à peine à cet étrange schisme, quand la famille Besançon était venue s'y établir. Les abbés Terrail, de Morangiés, alors vicaire, Lecot, avec lesquels elle s'était liée particulièrement, étaient de dignes ecclésiastiques, pénétrés de l'esprit chrétien, tempérant par beaucoup de bienveillance et d'affabilité la gravité de leur ministère. Pour tous, Amélie était devenue une petite amie chérie. M. de Morangiés surtout l'avait en grande affection. Appartenant à une vieille et noble famille de l'ancien régime, il vivait avec sa tante, une ancienne abbesse que la Révolution avait chassée de son abbaye, et qui, sous sa coiffe et ses cheveux blancs, conservait toute la grâce, la politesse, que la tradition attribue encore aujourd'hui à ces grandes dames de l'Église. L'esprit d'Amélie avait été vivement frappé par la majesté simple de cette personne, et son beau visage avait laissé dans sa mémoire une image ineffaçable. Avec le grand âge sa tête cependant s'était affaiblie, et la noble abbesse s'éteignit dans une douce enfance.

Comme l'abbé de Morangiés, l'abbé Terrail avait la plus vive affection pour sa jeune paroissienne. Aimables gens, autant qu'honnêtes prêtres, ils avaient avec elle des joies d'enfants, partageant souvent ses jeux, les nommerai-je ? l'été, le chat perché, cache tampon, dans le jardin ; l'hiver, l'honnête loto, ou quelques charades en action.

Un vieil ami de la famille, poète à ses heures ou aimant les poètes, et qui avait beaucoup voyagé, lui adressa un jour, à sa fête, ces vers, originaux ou empruntés, nous ne savons, mais que nous reproduisons parce qu'ils offrent une image fidèle des grâces et du charme qu'avait déjà celle qui en était l'objet :

A Mademoiselle Besançon

Viens enfant, avec ton sourire
Me donner ton baiser si doux ;
Viens qu'à mon aise je t'admire
Et te berce sur mes genoux.

En te voyant je pleure et tremble
De ravissement et d'émoi ;
Si ton âme à tes yeux ressemble,
Enfant, le ciel fit trop pour toi.

Pèlerin, dans mes longs voyages,
Bien des fois j'ai vu de beaux yeux,
Des dents blanches et des visages
Aussi purs que l'azur des cieux

Mais jamais, à mon œil avide,
N'apparut ange comme toi ;
Aucun n'avait ton front candide,
Ton parler et ta bonne foi

Dieu même de ta voix si pure
Fit le timbre mélodieux,
Et sa main de ta chevelure
Parfuma les anneaux soyeux

Ton regard fait aimer la vie,
Ton sourire entrouve le ciel,
L'âme écoute heureuse et ravie
Les mots de ta bouche de miel.

Aux anges la terre est fatale,
Chère enfant, et pour toi j'ai peur,
Garde ta robe virginale,
Garde ta grâce et ta candeur.

Tu seras belle entre les belles
Si tu conserves ce trésor,
Et l'Amour de fleurs immortelles
Couronnera tes cheveux d'or.

A. ROQUES.

Le catholicisme était alors l'objet d'une véritable persécution. Neuf ans se passèrent avant que le gouvernement osât rouvrir l'église Saint-Germain-l'Auxerrois, et l'archevêché brûlé le même jour ne fut jamais reconstruit. Dans les rues l'habit de prêtre était insulté, poursuivi d'outrages, souvent l'objet de violences. Les prêtres n'osaient plus sortir en habit ecclésiastique. M^lle Besançon se souvenait très bien de l'habit bourgeois dont s'affublaient ses amis de la cure lorsqu'ils allaient à Paris, et de l'étrange effet que lui produisait ce travestissement. Mais que pouvaient faire ces malheureux ecclésiastiques, trop pauvres pour monter dans une voiture, refuge d'ailleurs peu sûr contre les quolibets parisiens, et qui avaient reçu pour mot d'ordre d'éviter à tout prix le scandale. Et encore, ne l'évitaient-ils pas, car s'ils échappaient dans Paris aux grossièretés populaires, ils ne désarmaient pas les commentaires méchants, les sourires moqueurs de certains paroissiens qui à Paris les auraient insultés en habits de prêtre, et à Clichy calomniaient leur habit bourgeois.

Nous n'avons pas besoin de dire que la famille Besançon avait des sentiments tout autres. M^me Besançon, sincèrement religieuse, était fort attristée de cette persécution. Son mari était de ces libéraux, de tout temps assez rares en France, qui veulent la liberté pour tous. Les splendeurs de l'Empire ne l'avaient pas ébloui, pas plus que les théories républicaines ne l'avaient convaincu; ne séparant pas de la liberté l'ordre qui lui en paraissait le plus sûr garant, il avait accueilli avec enthousiasme la Charte de 1830, et était d'autant plus dévoué au gouvernement nouveau qu'il le voyait plus menacé. Les vertus domestiques qu'il honorait et qu'il pratiquait, il était heureux et fier de les retrouver dans la famille royale. La reine, épouse modèle, mère accomplie, dont les nombreux enfants étaient la magnifique parure, lui inspirait plus que du respect, de la vénération. Ce nom même de Marie-Amélie, qu'il avait donné à sa fille, avait été un hommage rendu à la Souveraine.

Ses opinions n'étaient donc pas à l'unisson de celles de la majorité des Clichiens, gens fort avancés, tumultueux et braillards. Mais, étant toujours d'accord avec eux en fait de bienfaisance et de dévouement professionnel, il n'en demeurait pas moins populaire. Les services qu'il rendit à ses citoyens comme chirugien-major de sa Légion, augmentèrent encore la faveur dont il jouissait auprès d'eux. On a beaucoup plaisanté alors et depuis la « Milice citoyenne ». En réalité, on ne riait pas dans ses rangs : l'émeute, en effet, fut, de 1830 à 1840, presque en permanence dans les rues : et les combats de la rue Transnonain, du Cloître Saint-Merri, et tant d'autres, étaient de sérieuses affaires. M. Besançon, dans ces circonstances douloureuses, fit bravement son devoir. Pour l'épouse, pour l'enfant, il y eut ainsi bien des anxiétés cruelles; cachées d'abord à la jeune Amélie, elle les devina bientôt à ce je ne sais quoi qui pèse lugubrement sur les demeures d'où le chef est absent et en danger. Mais le retour du père dissipait ces nuages, et si parfois des larmes avaient perlé dans les yeux de sa fille, combien elle oubliait tout cela! combien grande et naïve était sa joie! quand à la Saint-Jean, au nouvel an, les tambours et les musiciens de la Légion venaient donner une aubade à leur chirurgien-major. Les braves gens y mettaient d'autant plus de zèle, que, comme tout le monde, ils adoraient la fille du docteur, et qu'après avoir reçu des preuves de la libéralité de Mme Besançon, ils s'en retournaient avec une double aubaine, son mari leur ayant glissé dans la main quelques pièces de cent sous en cachette de sa femme.

Cependant l'heure était venue pour Mlle Besançon de recevoir une éducation plus complète que celle donnée jusque-là par ses parents. Un des meilleurs pensionnats des environs de Paris était alors celui que Mme Démarest tenait à Clichy. C'est là que fut placée Marie-Amélie. Il ne s'agissait pas, bien entendu, de subir la clostration d'un internat, la mère n'aurait jamais consenti à se séparer de sa fille, mais simplement de suivre comme externe les classes et les leçons. Les maîtres et maîtresses y étaient excellents, la directrice, de l'esprit le plus distingué, était la bonté et la prudence même. Par sa nature, comme par sa première éducation familiale, Mlle Besançon avait une vivacité d'impressions, une sincérité de sentiments, une spontanéité de pensée et d'action que rien jamais ne devait altérer. Mme Démarest respecta pieusement cette belle et franche nature, au prix même de quelques sacrifices de discipline. Elle en fut bien payée, non pas seulement par l'affection de sa jeune pensionnaire, mais aussi par l'exacte obéissance que celle-ci sut s'imposer. Son cœur en effet était naturellement reconnaissant, et bientôt elle aima trop Mme Démarest pour risquer de lui déplaire.

Son chagrin fut grand, quand cette personne excellente, cédant à d'autres son pensionnat, quitta Clichy et ses élèves. La personne qui lui succéda n'avait pas les mêmes qualités, mais ses auxiliaires étaient parfaites, et l'instruction de Marie-Amélie ne souffrit pas de ce changement.

Pendant les quatre ou cinq années qu'elle consacra à ces leçons, ses progrès furent étonnemment rapides. Sa vive intelligence devançait les explications : et l'on peut dire que dans ce court espace de temps, elle acquit une instruction presque complète. Heureuse facilité ! que la Providence lui devait en quelque sorte, car le jour n'était pas loin où en frappant le chef de famille, elle allait cruellement éprouver la mère et l'enfant.

De 1838 à 1844, Marie-Amélie ne s'était pas moins développée physiquement qu'intellectuellement. A treize ans elle avait à peu près atteint la taille, plutôt grande que moyenne, qui fut la sienne. C'était déjà une jeune fille ; grande, élancée, à la taille d'une souplesse merveilleuse. Son visage encadré par les anneaux soyeux de beaux cheveux châtains, était éblouissant de fraicheur. Cependant, aux distributions de prix, elle n'avait qu'un souci, celui de ne pas aller recevoir ses couronnes, en quoi sa mère était complice. Mme Besançon adorait trop son enfant, pour ne pas défendre contre toute atteinte la fleur de modestie et de candeur qui brillait en elle.

Ce fut le 8 juin 1843, dans cette vieille et humble église de Clichy, où avait officié saint Vincent de Paul, que Marie-Amélie fit sa première communion. Le même jour elle reçut la confirmation de la main de Mgr Affre. Plus tard, combien la nouvelle de la mort du saint prélat sur les barricades de Juin frappera cruellement son oreille, au milieu du bruit du canon et de la fusillade.

« Mon ange », c'est ainsi que, dans sa vive affection, Mme Besançon appelait sa fille. Si ce nom a sur la terre une réalité, c'est en ce jour de pieuse extase que Marie-Amélie dut pour la première fois le recevoir de la bouche de sa mère. Quel complet anéantissement dans l'adoration divine, quels élans de piété, quelles douces larmes d'amour, que d'ardentes prières à Dieu pour ses parents adorés !

L'institution de Mme Démarest occupait une de ces belles demeures du XVIIIe siècle qui subsistaient encore à Clichy : le jardin était un véritable parc avec ses pelouses et ses vieux arbres ombreux. Ce milieu agréable et salubre fut très favorable à Marie-Amélie, pour qui des récréations, pleines de mouvement et de gaieté, succédaient au calme un peu attristé de la demeure paternelle. Aussi ne remarquait-on en elle rien de maladif, de languissant ; tout y était vie et sourire.

Elle était la joie et comme le rayon de soleil de sa famille. Tout entier à sa clientèle, vieilli avant l'âge par la fatigue et des crises d'asthme qu'il ne soignait pas assez, M. Besançon rentrait le soir las de sa journée de labeur, et ne goûtait pas même toujours le repos qu'il avait si bien mérité. Il n'était pas rare, en effet, que sa soirée ou sa nuit fût troublée par l'appel pressant d'un malade. Jamais il ne cherchait, par quelque subterfuge professionnel, à éviter ce qu'il considérait comme le premier devoir de sa profession. Souvent, alors qu'il aurait eu tant besoin lui-même de ménagements et de soins, sa femme le voyait se lever, et se rendre, quelquefois l'hiver sous la pluie ou la neige, près du client qui le demandait.

Une nuit, un inconnu, d'assez méchante mine, le réclame pour sa femme en danger. C'est au village perdu de Gennevilliers qu'il faut aller, dans une misérable carriole. Dans ce messager, tout inspirait la défiance. Malgré les représentations de sa femme, M. Besançon n'hésita pas une minute ; sa seule précaution, sa seule défense, fut de déposer sur son bureau, devant l'inconnu, sa montre et sa bourse. Cela fait, il partit avec lui.

On peut dire que, tant que ses forces ne le trahirent pas, il ne resta jamais sourd à ces appels. Ses refus, il les réservait plutôt pour des invitations mondaines, même royales. Pour lui, l'humanité passait avant tout, jamais il ne voulut se ménager aux dépens d'autrui. Quoique dévoué, comme nous l'avons dit, à la famille régnante, autant par goût personnel que par conviction politique, il se rendit rarement aux réceptions des Tuileries où les officiers de la garde nationale étaient habituellement conviés. Les lettres d'invitation qu'il recevait restaient généralement dans le tiroir de son bureau [1]. Aux fêtes du château, il préférait une bonne

1. Pour ceux qui seraient curieux de ces petits détails de la vie politique à cette époque, voici le libellé de cette invitation :

« Palais des Tuileries, le 26 février 1836.

« L'Aide de camp de service près du Roi, et M^me^ la M^ise^ de Dolomieu, et paisible soirée entre sa femme, occupée de quelque ouvrage d'aiguille, et sa fille toujours prompte aux questions sur l'histoire, les lettres, les sciences naturelles, et tout oreille aux réponses paternelles.

Il goûtait avidemment ces joies de famille, comme s'il avait eu le pressentiment que bientôt elles lui échapperaient. Peut-être la science du médecin lui avait-elle révélé que déjà ses jours étaient comptés. La première communion de sa fille, la distribution de prix qui la suivit à quelques semaines, furent ses dernières joies. Avec l'hiver sa santé s'était beaucoup affaiblie. M^me^ Besançon, trompant son zèle, qu'il voulait encore écouter, avait été obligée d'entourer d'ouate la sonnette d'entrée, pour qu'il ne sût pas qu'on était venu le demander. Momentanément rétabli, il avait aussitôt repris le cours de ses visites. Un jour, en revenant de chez un malade auquel il s'intéressait vivement, et qu'il avait été voir malgré un temps affreux, il dut prendre le lit. La nuit, l'oppression fut horrible, il se sentit perdu, et, comprenant les remèdes impuissants, il ne songea plus qu'à bien mourir. Sa fin fut admirable de calme et de grandeur morale. « Pauvre enfant, dit-il à sa fille qui sanglotait près de lui, je meurs trop tôt pour toi ; mais tu ne m'oublieras pas, car tu m'as bien aimé ».

Dame d'honneur de la Reine, ont l'honneur de prévenir Monsieur le Cap^ne^ Chirurgien aide Major Besançon

« Qu'il est invité à venir passer la soirée au Palais des Tuileries, le mercredi 2 mars à 8 heures.

« Les hommes sont en uniforme.

« 2^e^ Légion (Baul.). »

Remarquons que le 15 février venait de finir le procès Fieschi, dont l'attentat remontait au 28 juillet de l'année précédente.

Ainsi, le jeudi 18 janvier 1844, à neuf heures du soir, mourut cet homme de bien qui avait été aussi un médecin remarquable. La municipalité de Clichy voulut lui rendre un dernier hommage, en votant pour ses restes une concession dans le cimetière de la commune. La population tout entière suivit ses modestes obsèques, et à son recueillement on voyait qu'elle avait perdu un ami et un bienfaiteur.

La douleur de sa fille fut immense, au-dessus de son âge. Cette enfant de douze ans sentait comme une grande personne la perte qu'elle avait faite. Elle aimait à l'adoration ce père dont la gravité s'égayait à sa jeunesse, et dont l'affection était d'autant plus forte qu'elle était plus concentrée. Il laissa dans ce cœur qui l'avait tant aimé, dans cet esprit qu'il avait formé par ses leçons, fortifié par son exemple, une image qui ne s'effaça pas. Jamais Amélie ne parlait de lui sans émotion, sans que sa piété filiale ne trouvât pour s'exprimer quelque expression saisissante, qui trahissait l'empreinte encore toute vive de ce grand amour et de cette grande douleur.

---

## II

DANS ce malheur, Mlle Besançon ne fut pas seulement la consolation de sa mère par l'amour dont elle l'entourait, elle en fut aussi le soutien moral par une force d'âme et une raison courageuse qui nous étonneraient dans un âge si tendre, si nous ne savions combien son père, en prévision peut-être d'une mort prématurée, s'était appliqué à développer en elle ces qualités rares, et à l'armer de bonne heure pour la vie.

Les années, les récentes épreuves qu'elle avait traversées, avaient beaucoup augmenté la sensibilité douloureuse de Mme Besançon. Sa mélancolie s'était transformée en un profond abattement. Se reportant à une autre perte, également cruelle, celle de son père, qu'elle avait faite quelques années auparavant, elle écrivait alors au bas d'une pieuse relique :

*Cheveux de mon pére bien aimé.*
*Pourquoi ai-je survécu à ma douleur.*

Cette tendre mère, cette veuve, ne tenait plus à la terre que par sa fille, et malgré cet amour elle ne pouvait même, parfois, s'empêcher d'aspirer au repos que la

*Madame Eugène Sue*

*1865*

religion nous promet au-delà de la tombe. C'est dans de tels moments qu'elle transcrivait ces vers sur son carnet :

Que mon exil est long ! ô tranquille Cité,
Sainte Jérusalem, ô chère Éternité,
Quand irai-je au torrent de ta volupté pure
Boire l'heureux oubli des peines que j'endure ;
Quand irai-je goûter ton adorable paix,
Quand verrai-je ce jour qui ne finit jamais ?

Ces premiers temps de veuvage furent d'autant plus pénibles pour Mme Besançon que, séparée momentanément de sa fille, ses habitudes s'en trouvèrent profondément modifiées. Clichy, où tout lui rappelait sa perte, avait été abandonné. Elle était venue habiter Paris, et ne voulant pas que l'éducation de sa fille fût interrompue, elle l'avait placée à Bourg-la-Reine, dans un pensionnat où elle savait qu'elle serait entourée des soins les plus attentifs. Cette séparation fut aussi cruelle pour l'une que pour l'autre.

Heureusement, elle fut de courte durée. Telle était la vive intelligence de Mlle Besançon, tel fut son zèle, que quelques mois suffirent à achever son instruction, dans ses grandes lignes. La mère et la fille d'ailleurs souffraient trop de leur éloignement l'une de l'autre, pour qu'elles ne s'efforçassent pas d'y mettre fin le plus tôt possible. La fille se sentait assez d'énergie et déjà assez de savoir, pour continuer seule à s'instruire, et pour acquérir par ses propres lectures ce qui lui manquait. Elle persuada facilement sa mère, qui n'eut pas à s'en repentir. La promesse faite fut scrupuleusement tenue ; et désormais, Mlle Besançon ne cessa, auprès de sa mère, d'étudier chaque jour et de se perfectionner dans la connaissance de l'histoire et de la littérature. Les écrivains étrangers même ne lui restèrent pas inconnus ; elle lut et elle admira presque autant Goethe, Schiller, Shakespeare, Byron, qu'elle faisait Corneille, Racine, et les plus illustres d'entre nos contemporains. Son père avait assez fortifié sa raison pour qu'elle pût sans danger se rendre familières des œuvres que d'ordinaire on aborde beaucoup plus tard. Elle n'en demeura ni moins modeste ni moins simple ; son esprit acquit plus d'étendue, de délicatesse, sans qu'il perdit rien de son charme natif, de ce naturel qui, dans sa parole comme dans toute sa personne, avaient une irrésistible séduction. Mais la musique lui resta toujours étrangère. Son père, par une antipathie qui n'est pas rare chez les savants et même les gens de lettres, n'avait jamais voulu qu'elle l'apprit, pas même le chant, malgré quelques tentatives de sa mère ; et après lui on avait scrupuleusement respecté cette volonté.

Maintenant que la mère et la fille étaient réunies, il semblait que le bonheur recommençât à leur sourire. Pour Mme Besançon, cette réunion avait été vraiment le salut ; Amélie elle-même avait échappé au découragement qui commençait à l'atteindre malgré le ressort admirable de son caractère, et la belle abondance de vie qui était en elle. La seule chose à laquelle elle n'aurait pas résisté, c'est à une absence un peu prolongée de sa mère. Une lettre qu'elle lui écrivit pendant une passagère séparation nous la montre sous un voile de tristesse, qu'à l'ordinaire elle savait si heureusement écarter de son visage et de son esprit :

Ma bonne mère,

Je suis heureuse de pouvoir t'apprendre une bonne nouvelle ; car je suis réellement très bien dans ma nouvelle demeure. Les soins qu'on a pour moi sont inimaginables. Dans quelle anxiété tu dois être à ce sujet. Maintenant que nous sommes séparées, que tu n'es plus là pour me donner tes douces consolations dans mes peines, qu'il est triste pour moi de ne plus recevoir ton baiser du soir, de n'être plus réveillée par ta voix matinale ! Je serais si joyeuse maintenant de passer un seul instant près de toi. O bonne mère, pardonne-moi de t'entretenir ainsi de mes chagrins, car je ne devrais chercher qu'à te donner quelque gaieté par la lecture de mes lettres, et au contraire j'y dépose toute l'amertume qui est dans mon cœur. Mais, mon Dieu ! à qui les dirais-je, si ce n'est à toi ? Qui mieux que toi saura les comprendre et les partager...

Et toi, es-tu heureuse ? Ta santé ne souffre-t-elle pas du changement de climat ? Réponds à ta fille, réponds-lui vite, car son inquiétude est grande, et surtout, bonne Aimée, ne lui cache rien ; dis-lui bien tout ce que tu penses. Qu'elle soit, ainsi qu'elle était près de toi, ton amie. Oh ! combien je voudrais avoir ta lettre. Que le temps qui va la précéder sera long.

Adieu, ma mère chérie, prie pour moi, conseille ton enfant qui t'adore.

A. B.

C'est à cette époque, vers 1847, que je vis, pour la première fois, Mme et Mlle Besançon chez mes parents. De taille un peu au-dessus de la moyenne, le visage doux et pâle sous ses bandeaux noirs blanchissants, la voix harmonieuse, Mme Besançon inspirait une grande sympathie. Que dirai-je de sa fille, sinon qu'elle m'apparut comme l'idéal de la grâce, de la beauté délicate et rougissante.

La pensée qu'elle pourrait mourir avant l'établissement de sa fille, préoccupait beaucoup Mme Besançon, et contribuait à répandre un nuage de tristesse sur son visage. Ce n'était pas, hélas! un vain pressentiment. La mort, qui se joue des projets humains, ne se laissa pas fléchir par ce vœu si touchant de la plus tendre des mères. Mme Besançon ne vécut pas assez pour en voir l'accomplissement.

Ce fut presque au milieu des horreurs de la guerre civile, le 14 juillet 1848, que ce nouveau malheur atteignit Mlle Besançon. Il y avait un peu plus de quatre années qu'elle avait perdu son père, et quelques semaines que les néfastes journées de juin avaient ébranlé tout son être. Par un funeste hasard, lorsqu'éclata la guerre civile, elle était avec des amis de sa famille qui l'avaient invitée à venir passer quelques jours chez eux. Dans l'impossibilité de se rejoindre sans courir les plus grands dangers, chacune bloquée en quelque sorte par l'insurrection, craignant également l'une pour l'autre, la mère et la fille passèrent quatre journées d'anxiétés mortelles. Aucune des péripéties de l'attaque et de la défense de la barricade du Faubourg Saint-Antoine ne fut épargnée à Mlle Besançon. Tout près de la maison même où elle se trouvait, Lamoricière avait établi son quartier-général : au bruit lointain du canon et de la fusillade se mêlait celui des régiments en marche vers le lieu du combat, des ordres donnés, des plaintes des blessés et des mourants qu'on ramenait de la bataille. Si cruelles toutefois qu'eussent été ces angoisses, elles n'approchaient pas du déchirement qu'à peine éloignée de ces scènes affreuses, elle allait éprouver de la mort de sa mère bien-aimée.

Ce coup fut d'autant plus terrible qu'elle n'avait pas pu un instant le prévoir.

Les derniers évènements avaient beaucoup surexcité la sensibilité nerveuse de Mme Besançon. L'éloignement momentané de sa fille lui avait été très pénible. Quelle situation pour une pareille mère de pouvoir seulement correspondre par lettres avec son enfant! Ces lettres témoignent de son anxiété :

Dimanche 25 juin 1848.

Ma pauvre enfant, je suis bien inquiète de toi. Comment te portes-tu? Es-tu bien? Je le souhaite de toute mon âme. Reste bien tranquille jusqu'à la fin de ces malheureux évènements. Mon Dieu, quels malheurs! que de vengeances! quel massacre! Dans tous les quartiers on tire par les fenêtres; plusieurs personnes ont manqué d'être tuées.

Il ne s'est rien passé dans mon quartier, Dieu merci! jusqu'à présent; mais au Panthéon cela a été affreux... Ta robe était prête à essayer vendredi matin; la pauvre petite femme avait passé la nuit pour pouvoir te la porter. Elle allait partir, malgré les troubles. C'est moi qui lui ai envoyé sa mère pour l'en empêcher. Pour une robe que tu n'aurais pas mise, risquer la vie de quelqu'un; tu ne l'aurais pas voulu.

Je me porte aussi bien que les circonstances le permettent. Adieu mon ange; je t'embrasse en bonne mère.

AIMÉE BESANÇON.

On put croire que le rétablissement de l'ordre matériel dans la rue, surtout le retour de sa fille lui avaient rendu toute sa santé. Trompeuse sécurité! Déjà la mort était là. Prise d'un étourdissement soudain, elle se fit en tombant une blessure mortelle, et ne survécut que quelques heures. Quels moments pour sa malheureuse enfant! Elle couvrait de baisers ce front pâle, sur lequel le sang coulait. Rendue au sentiment, peut-être par ces ardentes caresses, Mme Besançon put dire quelques mots d'adieu à sa fille, lui murmurer de suprêmes recommandations, puis cette voix se tut pour jamais. Mlle Besançon était orpheline. Elle n'avait pas dix-huit ans. Par une triste rencontre, qui semblait unir par avance nos deux destinées, le 14 janvier de cette même année j'avais, de mon côté, perdu ma grand'mère dans des circonstances analogues, peut-être plus cruelles encore.

Si la mort de son père avait laissé une profonde impression dans sa mémoire, elle ne s'associait du moins dans son esprit à aucune sanglante image. C'était une figure grave, un peu triste, mais à demi souriante, qui se présentait à elle, évoquée par le souvenir. Combien différente était celle de sa mère. Elle en eut toujours comme au cœur le spectacle lamentable, déchirant. Eut-elle pu l'oublier, elle ne l'aurait pas voulu, et elle écrivait ces lignes sur l'enveloppe d'un mouchoir dont sa mère s'était servi pour la dernière fois :

> *Je désire que ce mouchoir ne soit jamais lavé, le sang dont il est taché est celui de ma bonne mère, morte le 14 juillet 1848.*
>
> AMÉLIE BESANÇON.

Cette relique, car pour elle c'en était une, ne l'a jamais quittée.

Mlle Besançon, qui, par le cœur, était plus qu'une autre capable de comprendre la perte qu'elle faisait et d'en ressentir la poignante douleur, était, par le caractère, assez forte pour la dominer. et ne pas s'en laisser abattre. C'est alors qu'elle recueillit les fruits de l'éducation si sage. si prévoyante, que son père avait ébauchée et dont elle ne s'était jamais écartée. Elle continua à orner, à fortifier son esprit par des lectures bien choisies qui furent d'abord, avec quelques délicats ouvrages d'aiguille, dans lesquels elle excellait, l'unique distraction qu'elle donna à sa douleur. Ses doigts étaient vraiment des doigts de fée, sous lesquels naissaient les fleurs des belles tapisseries, les réseaux des délicates dentelles, les broderies des fines batistes. Son goût pour la campagne avait toujours été très grand ; il s'accrut encore, et elle put le satisfaire, chaque année, pendant quelques mois qui étaient pour elle les meilleurs, ceux où elle admirait la nature et se plaisait à l'étudier. La botanique, dont elle possédait les premières notions, devint son passe-temps favori. Le souvenir de son père la portait à connaître, à recueillir les plantes médicinales. Dans ses excursions, même dans de simples promenades, elle aimait à herboriser, et rapportait, chaque fois, toute une moisson, qu'elle triait ensuite, collectionnait ou distribuait dans son entourage. Ainsi s'écoulaient les jours, les années, dans une vie calme, souriante, aussi fortifiante pour le corps que pour l'esprit.

---

## III

NOTRE mariage, en 1865, ne modifia pas beaucoup ce genre de vie. Le désir exprimé par Mlle Besançon avait été que, tout en continuant à habiter Paris, où me retenaient mes occupations, nous nous établissions du moins dans un de ses quartiers excentriques où l'on a plus d'air, de soleil, où l'on aperçoit plus de ciel. Nous choisîmes Passy, où d'ailleurs ma famille avait une propriété, et où le voisinage du Bois nous promettait de faciles, de longues promenades.

Lorsqu'eut lieu cette union, qui comblait tous mes vœux et qui m'a donné un bonheur sans mélange, j'étais encore avocat à la Cour d'appel de Paris. Depuis six ans attaché au Premier Avocat général Oscar de Vallée, je pouvais entrevoir dans un avenir prochain ma nomination de substitut au parquet du tribunal de la Seine. Le Palais d'ailleurs ne me prenait pas tout entier, et j'étais déjà quelque peu entré dans la carrière d'homme de lettres et de journaliste par une collaboration assidue à la *Revue contemporaine* et à la *Biographie générale* des Didot. Un homme excellent, de l'esprit le plus élevé et du commerce le plus aimable, M. le baron Malouet, m'avait demandé d'être le guide de son second fils dans ses études de droit, et de faire quelques recherches historiques à l'occasion des Mémoires de son grand-père dont il préparait la publication. C'étaient sans doute de bien nombreuses et diverses occupations, mais leur diversité même en allégeait le poids. Il me restait encore assez de loisirs pour ne pas priver ma femme bien-aimée de quelques séjours à la campagne, et, les soirs d'été, d'une agréable promenade au Bois.

Les peuples heureux n'ont pas d'histoire, a dit Montesquieu. Il en est de même des individus. Ce mot résumerait toute notre vie, pendant les trente années que le Ciel — trop avare hélas! — nous accorda de passer ensemble, si les évènements de l'année terrible n'étaient venus y jeter leur lugubre discordance.

Lors de notre mariage, il y avait deux années que j'avais perdu la meilleure des mères [1]. Notre premier malheur commun, après notre union, fut la mort de mon père qui nous fut enlevé le 28 septembre 1869. Depuis dix-huit mois sa santé était chancelante; l'année précédente il avait été atteint d'une grave maladie, pendant laquelle Amélie l'avait soigné avec un zèle infatigable, et l'affection la plus tendre. Rétabli, il avait fait une saison aux Eaux-Bonnes ; tandis que moi-même, autant pour remettre ma femme de ses fatigues de garde-malade que pour rasséréner son esprit attristé, j'étais allé avec elle, en Normandie, passer quelques semaines sur la jolie plage de Villers. Nous y étions avec de bons amis, M^me^ F. D..., accompagnée de sa fille et de son

1. Le samedi 4 juillet 1863.

mari, mon vieux camarade, et de M. et Mme de S.... Amélie était ravie des bains de mer, qu'elle prenait pour la première fois, et de ses excursions jusqu'à Houlgate, soit par les ombreux sentiers de la vallée, soit à marée basse par la plage que dominent les sombres falaises des Vaches-Noires et de l'Enfer. Surpris un jour par la marée montante dans une de ces promenades, il nous fallut gravir à la hâte des pentes très escarpées, formées de glaise glissante dans laquelle enfonçaient nos pieds, quand nous ne perdions pas l'équilibre. Avec la gaieté d'une enfant, Amélie s'amusait beaucoup de ces petits incidents, aussi bien que des plaisirs maritimes d'usage : pêche aux crevettes, aux crabes, chasse aux équilles. Nous avions fait une bonne provision de santé; de bonheur aussi, croyions-nous. Ce dernier fut bien éphémère. Avec la mauvaise saison d'hiver, mon père fut pris d'une nouvelle et plus grave attaque de bronchite, dont ni notre affection, ni la science ne purent conjurer l'issue fatale. Comme l'année précédente, et davantage encore, ma femme n'épargna ni ses soins, ni ses veilles. Toujours vaillante, sachant, avec une admirable force de volonté, conserver sur son visage un calme et une sérénité qui déjà n'étaient plus dans son âme, par sa seule présence elle adoucissait, autant que faisaient les remèdes peut-être, les souffrances de notre cher malade. Habitué à la trouver toujours à son chevet, il ne pouvait s'en passer, et un jour, comme la sœur qui le gardait invitait instamment ma femme à prendre un repos dont elle avait grand besoin, et qu'elle s'en défendait : « Oui, ma fille, ma chère fille, n'écoutez que votre cœur, restez auprès de moi, j'ai tant besoin de vous! » Et elle restait. Quelle dette de reconnaissance n'ai-je pas alors contractée envers ma bonne, ma bien-aimée Amélie ! Une affection sans bornes n'eut-elle pas, dès le premier jour de notre union, et pour jamais, rempli d'elle mon cœur tout entier, que la pensée seule des heures passées ensemble auprès de mon père mourant, des soins qu'elle lui a prodigués, suffirait pour me rendre sa mémoire sacrée, pour me la faire adorer comme celle du bon ange de mon foyer, à qui j'ai dû tout mon bonheur, toute ma consolation, toute ma force.

De quel secours en effet ne me fut-elle pas alors et dans les sombres jours qui bientôt s'ajoutèrent à ceux que nous venions de traverser comme sous l'aile de la mort.

Quand je perdis mon père, depuis près d'un an ma situation s'était beaucoup modifiée. A la fin de décembre 1868, j'étais entré au *Moniteur Universel,* devenu journal indépendant après avoir été, depuis le commencement du siècle, l'organe officiel du gouvernement. M. Léo Joubert en tête, M. Alexandre Peÿ et moi, un peu plus tard et pour peu de temps Jules Amigues, nous en étions les rédacteurs politiques quotidiens. Comment, sans Amélie, aurais-je pu trouver, au milieu de la longue maladie de mon père, assez d'assistance, de consolation, d'appui, de ressort d'esprit, de force d'âme, pour faire face à ces nouvelles obligations?

Tant d'anxiétés, de fatigues n'avaient pas été sans beaucoup éprouver la santé de M^me^ Eugène Asse. Elle, auparavant si forte, si allègre, se sentait faible, languissante. C'est avec impatience que nous attendions le jour où nous pourrions respirer l'air fortifiant de la mer. Un heureux hasard nous porta vers le village de Saint-Aubin-sur-Mer, au-dessus de Caen. De vieux amis de mes parents, la famille Dubois-Davesnes, avaient l'habitude d'y louer chaque année, pour la saison des bains, une petite maison qu'un deuil récent les empêchait d'occuper et qu'ils nous cédèrent. Cette plage, alors peu fréquentée, convenait à la vie calme dont nous avions besoin. Si elle ne séduit pas au premier coup d'œil par un site pittoresque, le calme dont on y jouit, sa mer poissonneuse qu'animent de nombreuses barques de pêcheurs, la font bientôt prendre en goût. Nous nous y rendîmes au mois de juillet : ma femme d'abord [1], me devançant de quelques semaines, moi ensuite [2].

Déjà le bon air, la douce quiétude, avaient rendu à ma chère Amélie sa belle élasticité d'âme et de corps, avec l'admirable harmonie qui existait d'ordinaire dans tout son être, lorsque se produisirent les incidents politiques d'où sortit l'affreuse guerre de 1870-1871 [3]. Ce rêve de bonheur que nous faisions, combien cruellement fut-il interrompu par les nouvelles de nos premiers désastres [4]. Elles éclatèrent presque au lendemain de mon arrivée à Saint-Aubin, et brusquement je dus le quitter [5] pour reprendre mon service au *Moniteur*. Ma femme me rejoignit douze jours plus tard. Malgré mes avis sur les épreuves qui l'attendaient à Paris, dont l'investissement et le siège étaient certains, elle ne voulut pas entendre parler de

1. Le 9 juillet 1870.
2. Le 30 juillet.
3. Le 6 juillet, incident Hohenzollern ; le 12, nouvelle de la renonciation du prince, la paix annoncée ; le 15, vote de la guerre.
4. Le 2 août, échec de Wissembourg ; le 6, défaites de Reischoffen et de Forbach.
5. Le 8 août. Amélie rentra à Paris le 21.

Madame Eugène Rose
22 Juin 1870

séparation, et l'approche du danger ne fit que hâter son retour [1].

Quelques extraits des lettres qu'elle m'écrivit de Saint-Aubin pendant nos deux séparations, l'une de vingt-et-un jours avant que je l'y aie rejointe le 30 juillet, l'autre de douze entre mon départ et sa rentrée à Paris le 21 août, peindront mieux que mon récit le calme heureux dont elle y jouit d'abord, puis les anxiétés par lesquelles elle passa, et l'impression que faisaient sur nous les évènements :

*Madame Asse à M. Eugène Asse.*

Saint-Aubin-sur-Mer, dimanche 10 juillet 1870.

Mon bon ami, nous sommes arrivées [2] en bonne santé et sans accident... En wagon nous avions pour compagnon un Parisien qui a une propriété à Luc, et qui nous a aidées de ses conseils pour nos bagages, pour les voitures, pour la dépêche, qui enfin nous a été d'un grand secours. Nous ne sommes encore que campées; nous nous installerons définitivement quand tu viendras... Nous n'avons pas encore de domestique. Dans l'après-midi, nous aurons, je crois, une jeune fille du pays. En attendant, notre propriétaire nous fait notre ménage, et nous prenons notre nourriture dans un hôtel qui est juste en face de notre maison... Le pays est bien ce qu'on nous a dit : c'est d'une platitude et d'une monotonie parfaites; reste, comme consolation, la mer, qui dans ce moment est aussi unie que le lac du bois de Boulogne. Pendant que je t'écris, est venue la jeune bonne, une jolie Normande, mais jolie! Elle fonctionnera tout à l'heure... Notre adresse est, chez Marie Roussel, femme Mériel.

1. Le 9 août, chute du ministère Ollivier; le 14, bataille de Borny; de Gravelotte, le 16: de Saint-Privat, le 18; le 17, Trochu gouverneur de Paris: le 21, marche de l'armée de Châlons sur Sedan.

2. Mme Asse était accompagnée de Mme D... et de sa fille.

Mardi 12 juillet 1870.

Cher ami, ta lettre m'est parvenue ce matin seulement; elle se promenait de porte en porte depuis deux jours; et encore ne l'ai-je eue que parce que j'ai demandé au facteur s'il avait une lettre à mon nom. Nous ne nous sommes pas encore baignées, et nous prendrons les précautions que tu nous dis... Je t'engage, quand tu viendras, à voyager le jour, parce que le chemin de Caen à Saint-Aubin est très beau; mais pour en juger à son aise, il faut retenir une place dans le coupé quand on prend sa correspondance... Je t'avertis que Saint-Aubin n'est pas précisément gai. Il pleut ce matin, c'est une véritable inondation, et de plus il ne fait pas chaud... Je ne tousse plus du tout.

Mercredi 13 juillet 1870.

Mon cher ami, j'ai reçu ta bonne petite lettre et le *Gaulois* ce matin. Je commence à m'habituer un peu, quoique jusqu'alors nous ayons été assez malheureuses. Notre jeune et jolie Normande ne sait absolument rien en cuisine; pour t'en donner une idée, pas plus tard qu'hier elle nous a fait un pot-au-feu dans lequel il ne manquait que du sel et des légumes. Heureusement j'ai eu connaissance de cet oubli assez tôt pour le réparer; mais on nous a promis une espèce de cordon-bleu Normand, tante de notre gâte-sauce, qui n'est chez nous qu'en attendant... Ce n'est pas à 4 heures que l'on arrive à Saint-Aubin, mais bien à 5 heures et demie. Je t'écris de ma petite chambre provisoire, qui donne sur la cour et sur les champs. C'est d'un calme délicieux. La mer moutonne un peu aujourd'hui. Je n'ai toujours pas pris de bains, je commencerai dans deux jours. Il fait très froid ici. Le temps se remet un peu aujourd'hui.

Jeudi 14 juillet 1870.

Cher ami, c'est en vain que mon regard erre d'un bout à l'autre de l'horizon, je n'aperçois pas la plus petite flotte de guerre; mais en revanche, j'en vois une de bâteaux pêcheurs. J'ai pris ce matin mon premier bain, et comme toujours mon entrée a été piteuse et ma sortie triomphante. Mlle Fanny ne voit pas du tout les choses comme elles sont. Si tu as bonne mémoire, tu dois te souvenir qu'elle nous a vanté les douceurs de la plage. Eh bien! elle n'est ni douce, ni belle, ni propre, et n'est pas comparable à celle de Villers. Il est impossible de se baigner à marée basse, parce que, à l'endroit où à Villers nous avions un délicieux sable fin, on trouve à Saint-Aubin un lit de petits rochers habités par d'énormes, horribles crabes. Si au contraire on se baigne quand la mer est pleine, alors ce sont des galets qu'on a sous les pieds et les mains, quand comme moi on nage à quatre pattes. De plus la mer est remplie d'herbes marines du plus beau vert, c'est au point qu'on pourrait se croire dans un plat d'épinards. Mais malgré tout cela je me trouve très bien de mon bain.

Quant à l'appartement, c'est une personne bourrelée de remords qui va t'en parler. Ma petite amie a pris ce matin l'inébranlable résolution de déménager et de me donner sa chambre; elle descend au rez-de-chaussée, et fait de la salle à manger son dortoir. Il est vrai qu'à notre tour nous lui rendrons cette chambre, quand son mari viendra passer quinze jours. La chambre que j'habite depuis que je suis ici est assez drolette, mais elle a plusieurs inconvénients... En revanche, je vais entrer dans un vrai palais, où j'aurai la vue de la mer, de l'air, et un lit à baldaquin, et une pendule, et tout ce qui fait le bonheur de la vie, quand mon ami chéri y sera.

Vendredi 15 juillet 1870.

Décidément, Mimi, Saint-Aubin a du bon, la mer y est admirablement belle, et je m'attache de jour en jour à ce petit pays et même à ses habitants qui sont d'excellentes gens. J'ai pris possession de la superbe chambre, et c'est de là que je t'écris en regardant la mer, une belle mer verte et bleue, avec de jolies petites voiles. Mais, par exemple, je ne vois pas la moindre flotte. Ce qui va suivre est la meilleure preuve que Saint-Aubin me plaît.

Il y a en face de nos fenêtres un fort joli petit champ de

luzerne à vendre. Un champ comme cela et une maison comme celles que l'on construit ici coûteraient ensemble 7 à 8000 francs et rapporteraient bien 400 francs, plus deux bons petits mois de bains de mer et l'espoir d'un chemin de fer. Tout cela me tenterait assez, et toi ?

J'ai rencontré Mme Davelouis [1], elle est tombée dans mes bras, et nous a emmenées de vive force chez elle, où j'ai vu M. Viennot [2]. Le lendemain, toutes ces aimables personnes nous ont rendu notre visite ; malheureusement nous étions à la pêche aux crabes, pêche remplie d'attraits et d'émotions, qui se pratique à marée basse et dans ou plutôt sous des rochers qui sont gros comme des moellons. On soulève le galet, et là on aperçoit une énorme et horrible bête, qui vous regarde d'un air mécontent, en ouvrant ses serres ; on saisit cet aimable objet entre le pouce et l'index, et on le jette dans le panier en poussant un cri perçant... Je regrette bien que tu ne viennes pas samedi, mais la raison le veut ainsi. Ce serait vraiment un enfantillage de faire 120 lieues, aller et retour, pour passer un jour ; quelle fatigue pour toi !

Vendredi 15 juillet 1870.

Cher ami, je me dispenserai de prendre un bain aujourd'hui, parce que je crois être restée trop longtemps dans l'eau hier ; nous avions pris un bain le matin, et dans l'après-midi nous avions été à la pêche, où nous sommes restées plus d'une heure et demie, et je crois que c'est cela qui m'a donné une nuit très agitée... J'ai reçu une nouvelle visite de Mme Davelouis, que je vais lui rendre tout à l'heure, parce qu'elle quitte Saint-Aubin demain... Ma petite amie est très attristée de ce que son mari ne vient pas, et surtout de ce qu'il est inquiet... C'est bien triste que cette vilaine guerre

1. Une grande amie de Mme Falkenberg, et notre voisine de la rue du Ranelagh.

2. M. Théodore Viennot, sous-directeur au ministère des affaires étrangères. Il est mort le 14 mars 1896, âgé de soixante-dix-huit ans.

soit déclarée; notre petite Normande a sans doute pour fiancé un marin, depuis qu'on sait cela, elle a les yeux rouges et pleure à chaque instant... *Paris-Journal* désigne M. de Vallée, comme remplaçant possible d'Émile Ollivier, as-tu lu cela ?... A bientôt, maintenant je compte les jours, et j'espère bien que dans quatorze jours au plus tu seras ici.

Samedi 16 juillet 1870.

Ne pleure pas sur notre sort, il s'adoucit de jour en jour ; je vais me plonger dans l'eau tout à l'heure, non pas pour me baigner, mais pour pêcher. Nous avons acheté chacune un filet, et j'espère bien que ce soir nous mangerons de notre pêche...

Dimanche 17 juillet 1870.

En entendant parler de guerre, ma première idée a été d'écrire à Augustine, et je t'envoie sa triste réponse... J'ai revu Mme Davelouis hier chez elle, et ce matin à la messe; nous nous serrons affectueusement la main. Je te remercie de tes journaux : ils font notre bonheur et celui de nos voisins...

Lundi 18 juillet 1870.

... Sois tranquille, nous avons fait ce que tu nous conseilles. Nous n'avons plus pêché et nous nous sommes promenées du côté de Bernières; nous devons aller prochainement à Langrune; quant à Luc, c'est un peu loin, nous attendrons que tu sois ici pour le visiter... Tu ne saurais croire combien les Parisiens me semblent bêtes avec leur enthousiasme pour l'affreuse guerre qui se prépare. Cette guerre me paraît être une sanglante diversion que certain haut, très haut personnage, emploie pour détourner les esprits de l'idée fixe, mais peu praticable qu'on entendait exprimer par toutes les bouches; ce que je pense là est probablement très faux...

J'ai aperçu hier dimanche dans le lointain plusieurs bateaux à vapeur et un instant après j'ai vu s'élever de la mer, du côté du Havre, comme une longue traînée de fumée. J'ai entendu aussi très distinctement le bruit d'une forte détonation, semblable à un coup de canon; mais tout cela s'en allait au large et s'est perdu très rapidement dans le lointain. Je crois que ce n'est pas la flotte.

Mardi 19 juillet 1870.

... Il fait un temps magnifique; nous allons nous baigner dans quelques minutes. Je commence à nageotter et à faire de fort belles planches. Je suis heureuse quand je pense que dans onze jours mon cher petit mari sera ici; pourvu que la guerre ne retarde pas ton arrivée.

Vendredi 22 juillet 1870.

... Ne crois pas pourtant que l'on meure de faim ici. Je guide notre jeune ignorante, et nous obtenons parfois d'assez bons résultats... C'est très amusant de manger des pois, des haricots et des fruits ici, parce qu'on va chez les maraîchers, qui sont de braves gens, très polis, et l'on fait cueillir ce que l'on veut devant soi; ainsi, hier, pendant qu'on cueillait nos pois, j'étais commodément installée sur une chaise, entre un groseiller à grappes et un autre à maquereau, et quand j'étais lasse de manger des unes, je mangeais des autres. Et alors que j'étais si tranquille, ayant pour compagnon mon inséparable Tom, qui ne me quitte pas plus que mon ombre, ma malheureuse amie faisait faire à Bébé une promenade à âne, et rentrait deux heures après à moitié morte de fatigue. La mer est forte aujourd'hui, elle moutonne, cela nous promet un excellent bain.

N'oublie pas ta lorgnette, car sans elle tu ne verrais pas dans le lointain d'adorables petites voiles, qui sont un des grands charmes de Saint-Aubin.

Samedi 23 juillet 1870.

Je reçois à l'instant une lettre de notre pauvre amie, Mme C... Elle est dans la désolation, son fils fait partie de la garde mobile et va partir pour Châlons, et de là sera envoyé dans un fort de la frontière. Elle se représente le fort attaqué. Sa lettre est comme toutes celles qu'elle écrit, parfaitement bonne et aimable, mais bien triste. Écris-lui, chéri, cela lui fera du bien... Aussitôt le départ de son fils, notre amie retournera à Louveciennes.

Mardi 26 juillet 1870.

Est-ce bien vrai que tu seras ici jeudi? J'en suis tellement heureuse que j'ose à peine y croire. Tu es bien gentil de vouloir que je reste couchée en t'attendant, mais c'est bien difficile, parce que à 5 heures notre vieille cuisinière, qui ne couche pas chez nous, ne sera pas levée, que les rues de Saint-Aubin n'ont ni nom ni numéros, et qu'il n'est pas facile de t'indiquer d'une manière claire et précise le chemin qu'il faut prendre pour aller chez *Marie Roussel*... C'est au bord de la mer que je t'écris, et pendant ce temps M. D. t'écrit les plus grandes folies du monde; j'ai pour sablier la plage entière...

Lundi 8 août 1870.

Il est deux heures, et au moment où je t'écris, le train qui t'emmène loin de moi doit se mettre en marche. Nous revenons de Langrune, où nous avons été dans l'espérance de te revoir; M^me^ D. m'ayant dit qu'elle avait compris que tu devais changer là de voiture. J'avoue que j'avais espéré que tu n'aurais pas trouvé de place, mais hélas! tu étais parti.

Moi qui me croyais si bien assurée de te garder jusqu'à la fin d'août et de partir avec toi! Je crois que tu t'es un peu trop hâté; tu aurais dû attendre la réponse à ta lettre d'hier. Moi, je vais préparer mes malles, afin de pouvoir partir au premier avis que tu me donneras.

Tu me disais ce matin : « Ayez soin de vous informer chaque jour si les chemins de fer marchent encore ». Mais, mon ami, le jour où on nous dira : Non, que nous restera-t-il à faire?

Enfin espérons que les choses n'en viendront pas là; j'avoue que si je n'avais pas un peu cet espoir, je serais dans la plus profonde désolation...

Envoie-moi une dépêche aussitôt arrivé, car je ne serai à peu près tranquille que quand j'aurai reçu de tes nouvelles.

Si tu crois ne pas pouvoir revenir, dis-le moi bien franchement, et je retournerai tout de suite à Paris. Ce sera, je crois, le parti le plus sage; outre que seule ici je serai sans cesse inquiète et ennuyée, ne vaut-il pas mieux que dans un tel moment nous soyons ensemble ?

Mardi 9 août 1870.

Je ne tiens plus ici, je lis dans les journaux que tous les hommes de vingt à quarante ans [1] vont prendre les armes. Tu comprends qu'après une lecture comme celle-là je ne vis plus, que je prends Saint-Aubin et la mer en horreur, et qu'un plus long séjour dans cet endroit me sera plus nuisible que salutaire... Tout est prêt pour mon départ. Dis-moi un mot, et je viens. Je dois même te prévenir qu'il se pourrait bien que je n'attende pas le mot que je te demande, si tu tardais trop à le dire.

Mercredi 10 août 1870.

J'ai ta lettre, je suis bien contente que tu aies fait un bon voyage, et bien inquiète de te savoir à Paris dans un tel moment. S'il y a une guerre civile [2], quelle sera ta conduite ? Je te sais sage et raisonnable... Ne te mêle à aucune bataille, ne sois pas curieux. On dit que le faubourg Saint-Germain est tranquille, traverse-le de préférence pour aller à Passy... Enfin dis-toi toujours que tu m'as à ton bras et agis comme tu le ferais si cela était. Je ne dors plus; cette nuit je me suis réveillée à trois heures et demie, et je n'ai pas pu me rendormir...

Si tu n'es pas chez M. D., le plus sage serait que je retourne à Paris de suite, parce que tu vas être mal nourri, manquer

1. Un décret du 7, publié le 8, incorporait tous les hommes de 30 à 40 ans, mais dans la garde nationale sédentaire seulement.

2. Le 9 août, jour de la chute du ministère Ollivier, des troubles avaient eu lieu à Paris.

de soins, et tout cela pourrait être nuisible à ta santé. Quand je m'en irai, j'ai envie de continuer en chemin de fer jusqu'à Passy, parce que si Paris est en révolution, je n'aurai pas à le traverser.

Jeudi 11 août 1870.

Je ne suis ni calme, ni heureuse, ni rassurée malgré tes deux bonnes lettres. M. D. écrit une lettre désespérée à sa femme, ce qui me fait penser que, pour la première fois de ta vie, et dans une excellente intention, tu déguises la vérité à ton amie. M. D. dit qu'on est décidé à brûler Paris plutôt que de se rendre. Tu me dis que les Prussiens ont 75000 hommes tués, mais ici le bruit court que nous en avons perdu 150000, et tu ne m'en parles pas; ne me cache donc rien, je t'en prie.

Dans sa lettre, M. D. dit aussi à sa femme qu'elle *revienne dimanche* prochain; tu penses bien que si elle part, je ne resterai pas seule à Saint-Aubin et reviendrai avec elle. Une seule chose pourrait m'en empêcher, ce serait si, toi, tu revenais ici... Ici, on ne peut pas parvenir à changer un billet, les marchands préfèrent qu'on leur doive... Depuis ton départ, je vais tous les matins à la messe demander que nous soyons bientôt réunis; ne t'y oppose donc pas et laisse-moi partir, si tu ne dois pas revenir ici... Pense que, si nous devons fuir de notre maison de Passy, qui se trouve près des fortifications, il serait bien utile que je sois là pour t'aider à emporter l'indispensable, et tu ne saurais rien trouver sans moi. Je serai bien raisonnable et j'aurai beaucoup de sang-froid si je suis près de toi... Je dois t'avertir que si le bruit se répandait que les Prussiens cernent Paris, je partirais tout de suite, dussé-je tomber au milieu d'eux.

Vendredi 12 août 1870.

Je n'ai pas reçu de lettre de toi aujourd'hui — ni M^me^ D. de son mari — et j'en suis très contrariée, parce que étant au moment de quitter Saint-Aubin, j'aurais aimé à avoir ton consentement pour cela, et que si ta lettre m'avait dit : « Je reviens », je serais restée ici à t'attendre; mais c'est à cette seule condition que je pourrais rester. Il court ici les bruits les plus désolants, on dit que Metz est pris, que les Russes vont s'allier aux Prussiens. Nous nous ennuyons mortellement, et tu dois le comprendre. Il serait inhumain de nous laisser ici, si vous ne devez pas revenir. Il n'y a presque plus personne. Enfin, mon ami, nous sommes bien décidées à partir dimanche, si nous ne recevons pas d'ordre contraire de vous, et encore un ordre qui nous dirait : *Restez,* sans nous dire : *Nous venons,* ne nous empêcherait pas... Je suis parvenue à changer un billet, c'est Rose qui m'a rendu ce service, mais elle a eu beaucoup de peine... Nous avons été tout à l'heure au télégraphe de Bernières voir si par hasard il n'y aurait pas une dépêche pour nous, mais il n'y avait rien.

*Madame Eugène Asse à Monsieur D...*

Samedi 13 août 1870.

... Dans ces derniers temps nous avons été fort tristes, vos lettres ont peut-être un peu trop laissé voir vos inquiétudes, qui ont été partagées très vivement par Mme D., et depuis une dizaine de jours elle mange très peu, dort fort mal et est très fatiguée. N'allez pas croire, au moins, qu'elle soit malade; s'il en était ainsi, je vous le dirais aussi franchement que je vous dis qu'elle pourrait le devenir, si elle continuait à vivre comme en ce moment. Votre présence ici lui fera oublier tous ses ennuis. Venez donc, vous-même en éprouverez un grand bien; cela changera le cours de vos idées, et tout le monde ici sera heureux de vous voir, même votre pauvre Tom, qui s'est battu et est resté fort endommagé sur le champ de bataille.

Rentrée à Paris, son esprit net, lumineux, actif, discerna immédiatement qu'il n'y avait pas une minute à perdre pour s'organiser en vue d'un long siège. Sans songer une minute à quitter notre demeure de Passy, toute voisine des fortifications, et à s'établir dans le centre de Paris, elle s'approvisionna des denrées nécessaires : farine, légumes secs, jambon, chocolat, riz, jusqu'à deux poules qui bientôt picorèrent dans notre jardin de la rue du Ranelagh. C'est à sa prévoyance et à son activité que nous dûmes de supporter sans trop de dommage pour notre santé le régime du siège, le rationnement de la viande d'abord, l'usage de celle de cheval quotidiennement ensuite, le pain de farine problématique enfin. Grâce à son ingénieuse industrie, l'huile remplaça chez nous heureusement le beurre, et les crêpes nous tinrent lieu de pain quand celui-ci fut devenu un horrible mélange qui mettait la gorge en feu ou en sang. Nos deux poules nous donnèrent des œufs que nous partageâmes avec notre amie, Mme Falkenberg, dont la vieillesse était cruellement éprouvée par les privations obsidionales. Nous nous attachâmes si bien à ces pauvres bêtes que nous ne voulûmes jamais les tuer, même aux jours suprêmes où l'on manquait de tout, et que plus tard la mort accidentelle de l'une d'elles nous fut très sensible.

Le siège durait depuis près de trois mois, lorsqu'elle écrivait à son amie Mme D., en butte aux mêmes épreuves, la lettre suivante :

Passy, jeudi 15 décembre 1870.

Ma chère amie, ne soyez pas fâchée si je ne vais pas vous voir et croyez bien qu'il faut que cela me soit tout à fait impossible ; je ne suis pas sortie une seule fois depuis l'indisposition d'Eugène ; il rentre dès qu'il n'a plus rien à faire au journal, à 2 ou 3 heures ; j'ai aussi dans mon ménage les occupations que vous savez et qui me prennent plus de temps depuis que l'on manque de tant de choses indispensables.

Je ne sais pas comment les choses se passent dans votre quartier, mais dans le mien, c'est lamentable. Dans toute la semaine dernière nous avons eu 50 centimes de *cheval* pour nous deux; quant au pain, on a toutes les peines du monde à s'en procurer; si par malheur le porteur nous oublie, il faut s'en passer jusqu'au lendemain, car on n'en trouve chez aucun boulanger de Passy.

J'espère, chère Mimie, que vous vous portez bien tous les quatre en comptant le bon Tom, et que vous jouissez toujours de ce bel appétit dont vous parliez la dernière fois que je vous ai vue. Moi, je m'ennuie profondément; j'ai pour unique distraction et société, quand Eugène est absent, deux poules que j'ai fait la folie d'acheter, et que je nourris en attendant qu'elles nous rendent la pareille.

Si sa prévoyance allégea nos épreuves, sa force d'âme l'aida beaucoup elle-même à se familiariser si bien avec les dangers très réels qui nous entouraient, qu'elle en arriva presque à les oublier. L'établissement d'une batterie française sur la butte Mortemart, à l'extrémité du lac inférieur du bois de Boulogne, puis d'une autre dans le parc de Mme Érard, au rond-point de la Muette, avait amené des représailles de la part des Allemands qui, à l'ouest et au sud-ouest, firent converger leurs feux sur ces deux points. La rue du Ranelagh, située dans l'axe du tir, était enfilée par leurs projectiles. La maison en face de la nôtre fut éventrée complètement par un obus. Plusieurs tombèrent dans notre jardin, et l'un si au ras du mur de notre maison, que nous ne pûmes jamais nous expliquer comment ce mur avait pu échapper à une destruction complète. Amélie appelait cela gaiement les cadeaux de Noël que lui faisaient les Prussiens. Elle recueillait précieusement dans le jardin les

*Rue du Ranelagh 55*

*1870-1871*

fragments de cette ferraille, et les plaçait en belle vue sur ses étagères ; mais bientôt il n'y eut plus assez de place.

Presque toutes les maisons voisines étaient abandonnées ; à l'horreur de la canonnade se joignait celle de la solitude. Sa bonne, courageuse fille qui, malgré le danger, n'en allait pas moins aux provisions, c'est-à-dire faire queue à la mairie pour les distributions de viande de cheval, sa vieille amie Mme Falkenberg, étaient ses seules compagnes pendant les heures, bien longues, que j'étais chaque jour obligé de passer aux bureaux du *Moniteur*, 13, quai Voltaire. Le trajet sur la Seine, par les bateaux-mouches, était à peu près sans danger, mais celui qu'il fallait faire à pied, du pont de Grenelle à la rue du Ranelagh, était très souvent troublé par le sifflement des projectiles. Quelles anxiétés assaillaient ma pauvre Amélie à l'heure de mon retour, et combien de fois ne l'ai-je pas vue guettant de loin mon arrivée, sur le pas de la porte, où elle-même n'était plus à l'abri. Quels souvenirs que ceux-là, et aujourd'hui sur sa tombe !

Pendant les quatre mois et onze jours que dura le siège (19 septembre - 30 janvier) sa fermeté d'âme, son humeur douce et charmante ne s'étaient pas un instant démenties. La bonne Mme Falkenberg disait qu'elle avait été sa Providence, son rayon de soleil pendant ces sombres jours. De plus sombres cependant nous étaient réservés.

Ce fut d'abord, le 1er mars, l'entrée des Allemands à Paris. De notre demeure de la rue du Ranelagh, nous entendions leurs pas lourds et cadencés sur l'avenue de Versailles, et aussi leurs chants semblables à un cantique. Amélie avait la mort dans l'âme : « Eh! quoi, disait-elle, tant d'efforts, tant de constance, tant de privations, et tout cela a été inutile ! » Nos persiennes sur la rue restèrent fermées ce jour-là. Nul ne sortit de la maison.

La levée de l'investissement n'avait pas mis fin, comme par enchantement, à nos privations. Le ravitaillement s'opérait avec lenteur, et nous n'avions en province personne pour songer à nous. C'est peut-être à ce moment que nos petits approvisionnements nous furent le plus utiles. De nous deux, Amélie était la plus valide : j'avais eu pendant ce premier siège plusieurs indispositions, conséquences de notre alimentation extraordinaire. Que n'en a-t-il toujours été ainsi, et pourquoi la Providence ne lui a-t-elle pas, dans notre vie commune, toujours donné la meilleure part.

C'était par l'âme, par le cœur qu'Amélie avait le plus souffert ; et à peine le calme commençait-il à rentrer en elle, que l'insurrection du 18 mars, dont l'assassinat des généraux Lecomte et Clément-Thomas marqua tout d'abord le caractère, vint la soumettre à de nouvelles et plus dures épreuves.

---

## IV

Le second siège de Paris, avec les événements révolutionnaires qui l'ont accompagné, fut beaucoup plus cruel que le premier. Pressentant, dès le début de l'insurrection, tous les dangers qu'une femme pouvait courir, j'avais fini par obtenir d'Amélie, à force de prières, qu'elle allât habiter Versailles, chez une de nos meilleures amies, Mme A. C., qui s'y était établie depuis quelque temps. Mais que pouvait la sécurité matérielle contre les inquiétudes, les terreurs de son affection, accrues encore par la séparation ? *Le Moniteur* s'était de nouveau dédoublé, comme pendant le premier siège. Tandis qu'une partie de ses rédacteurs, dont j'étais, restait au quai Voltaire, l'autre s'était transportée à Versailles où le journal était redevenu l'organe officiel du Gouvernement ainsi que naguère à Tours et à Bordeaux. Malgré mes lettres quotidiennes, qui il est vrai ne lui parvenaient pas toujours ; malgré même une visite que je parvins à lui faire le 19 avril, en gagnant Saint-Denis par le chemin de fer du Nord, le seul libre, et de là Versailles en voiture par la presqu'île de Genevilliers et les hauteurs de la Jonchère toutes couvertes des ruines de leurs villas, l'anxiété d'Amélie devint bientôt telle, que, pour conjurer une maladie imminente, elle préféra affronter les risques très grands d'une rentrée à Paris. Sans tenir compte des obus qui pleuvaient sur la route de Genevilliers, le samedi 29 avril elle quittait son asile de Versailles, et prenait à Saint-Denis le chemin de fer. Le soir, elle était réinstallée dans notre demeure de la rue du Ranelagh.

Mais quelle triste et périlleuse demeure ! Les projectiles allemands n'étaient rien comparés à la pluie de fer dont l'armée de Versailles criblait les portes d'Auteuil et du Point-du-Jour, devenues ses principaux objectifs. Souvent, les combats se rapprochaient assez pour que, dans la rue du Ranelagh, on entendît passer les *zie zie* prolongés des balles. Amélie dut alors dresser des matelas contre les fenêtres, et vivre pendant le jour à la pâle lueur des bougies. C'était funèbre, et il lui semblait qu'elle veillât l'agonie de la patrie. Elle tint bon cependant, s'oubliant elle-même pour ne songer qu'aux autres : impassible à ces bruits formidables, gardant tout son sang-froid sous la menace des visites domiciliaires. Les insurgés, en effet, s'étaient établis en face de nous, dans les bâtiments de l'École communale, et ils ne nous respectèrent peut-être que parce que, placés comme eux sous le feu des assiégeants, nous courions un même danger. Mais un jour vint où la place ne fut plus tenable. Ce fut quand, au haut de la montée de la rue Raynouard, à l'angle de la rue des Vignes, les insurgés eurent établi une puissante batterie, qui, reliée avec les murs garnis de meurtrières des jardins bordant le côté droit de cette dernière rue jusqu'au château de la Muette, formait pour eux une seconde ligne de défense après les fortifications. Dominés, à deux pas, par ces nouveaux travaux, que l'artillerie de l'armée attaqua aussitôt avec furie, c'eût été folie de nous entêter à demeurer plus longtemps entre les deux camps, exposés à leurs feux adverses et à leur lutte suprême. Amélie se résigna avec peine à rentrer dans l'intérieur de Paris, où des amis absents avaient mis à notre disposition leur appartement de la rue de Grenelle-Saint-Germain, n° 89. Quel lugubre exode fut le nôtre? Un voiturier avait consenti à venir nous prendre avec nos effets les plus nécessaires, et s'était même avancé jusqu'au quai, mais là il avait refusé d'aller plus loin, en entendant la canonnade croître toujours. Alors, laissant tout dans notre demeure à la garde du hasard, moins malveillant peut-être que les hommes, nous gagnâmes à pied la route de Versailles, puis le quai de Billy. Huit jours auparavant, le 13 mai, le *Moniteur* avait été supprimé par la Commune, après un article, *Vive la liberté de la presse,* que j'y avais publié en réponse à une première hécatombe de journaux. Incertains de l'avenir, abandonnant notre foyer pour un autre où rien n'était plus à nous, nous étions fortifiés contre cette nouvelle épreuve par notre mutuelle affection et par la pensée que nous étions également nécessaires l'un à l'autre. Pas une seule minute cette courageuse compagne de ma vie ne songea aux périls qui l'entouraient, paraissant indifférente au bruit du canon et de la fusillade. A l'ancienne barrière des Bonshommes, nous trouvâmes un fiacre qui voulut bien se charger de nous. C'est ainsi que nous arrivâmes à notre nouvel asile, près du temple de Panthemont[1].

1. Pendant le premier siège, nous avions déjà abrité les objets auxquels nous tenions le plus, partie boulevard Malesherbes, chez mon ami M. Victor Bois, l'ingénieur, partie rue des Poitevins, chez M. Panckoucke, beau-

Cela se passait dans l'après-midi du 20 mai ; le lendemain, les premières troupes du maréchal de Mac-Mahon pénétraient dans Paris par le Point-du-Jour et la porte d'Auteuil.

En quittant Passy pour la rue de Grenelle, nous étions tombés de Charybde en Scylla. En face notre demeure, Panthemont et l'ancienne caserne des Cent-Gardes étaient occupés par une forte troupe d'insurgés qui réquisitionnaient ou plutôt arrêtaient tout ce qui se trouvait d'hommes et même de femmes dans le voisinage, pour les forcer à combattre avec eux ou à soigner leurs blessés. Ce nouveau danger nous assaillait au moment même où à Passy l'heure de la délivrance aurait sonné pour nous. Vanité des calculs humains !

Jamais Amélie ne fit preuve de plus de présence d'esprit que dans cette périlleuse situation. Sous la menace toujours imminente d'une visite domiciliaire, elle avait tout préparé pour m'assurer une cachette dans un couloir dont elle avait dissimulé les issues. Mais l'alerte avait été chaude. « Je ne pourrais, disait-elle plus tard, être une seconde fois soumise à une semblable épreuve ». Le lendemain, un nuage de papiers enflammés s'abattait dans notre cour. C'étaient les Archives de la Cour des Comptes qui brûlaient et dont le vent poussait les incandesçants débris jusqu'à la rue de Grenelle. Peu après, une troupe de marins passait comme une trombe, ils venaient de balayer les derniers combattants de Panthemont, et couraient à la Croix-Rouge, où la résistance durait encore. Nous étions enfin délivrés ; nous

père de M. Oscar de Vallée que j'avais, du 24 au 31 août, accompagné dans la mission dont il avait été chargé en Normandie pour hâter les préparatifs de la défense. M. Victor Bois mourut subitement le 26 septembre.

tombâmes, les larmes aux yeux, dans les bras l'un de l'autre.

Chère femme, par quelles épreuves elle venait de passer. Avec quel tranquille et simple courage elle les avait soutenues. Plus tard, elle comprit, en apprenant l'exécution des otages, quels dangers elle avait courus à Passy, dans le voisinage des *Vengeurs de Flourens*, venus de Ménilmontant s'installer à la Muette, au moment même où son mari était pris à partie par Félix Pyat dans son journal. Peut-être en avait-elle eu comme un pressentiment le jour que, nous promenant au Ranelagh près la villa de Rossini, nous avions entendu ce dialogue entre un de ces séides de la Commune et un camarade qu'il avait rencontré : « Eh ! qu'est-ce que tu viens faire ici parmi ces *aristos* ? — Pardi ! j'viens leur z'y casser la g.... » Mais jamais elle ne crut avoir fait plus que son devoir : tant le dévouement, le courage lui étaient naturels !

Ce n'est là qu'un tableau bien imparfait de notre triste vie pendant les soixante-quatre horribles jours que dura ce second siège, depuis l'affaire des canons de Montmartre, le 18 mars, jusqu'à l'entrée des troupes de Mac-Mahon, le 21 mai. Dans les lettres suivantes, on se fera une idée plus complète des mortelles inquiétudes au milieu desquelles vécut M^me^ Eugène Asse à Versailles, ne recevant pas du tout ou tardivement les lettres que je lui adressais, en même temps que l'éloignement, la solitude grossissaient dans son esprit les dangers que je pouvais courir à Paris, où me retenait le devoir. Heureux ceux qui n'ont pas connu la séparation en de tels moments.

*Madame Asse à M. Eugène Asse.*

Versailles, lundi 10 avril 1871.

J'ai une nouvelle occasion de t'envoyer de mes nouvelles. Je voudrais bien que tu trouves le moyen d'en faire autant, car je suis inquiète de ta santé, et si tu avais pour moi autant d'affection que tu le dis, tu viendrais me retrouver ici. Je m'ennuie beaucoup : à ce point, que je maigris à vue d'œil... Je t'ai écrit hier par la *Revue des Deux-Mondes,* et par cette voie une réponse peut me parvenir, Mme B... étant ici avec nous... Viens donc, cher ami, car par moments je suis prise d'irrésistibles envies d'aller te rejoindre, et je ne réponds pas d'y résister toujours.

Mardi 11 avril 1871.

Je reçois à l'instant ta lettre du 8, qui ne me donne pas le moindre espoir de te voir bientôt, ce qui me fait beaucoup de peine. Je me porte bien, mais je m'ennuie beaucoup ; je t'ai écrit quatre fois depuis que je suis revenue. J'espère que sur ces quatre lettres, une au moins te sera parvenue. Je sors très peu, je laisse mon amie faire seule ses nombreuses visites, n'étant pas d'humeur à causer et à voir du monde dans ce moment. Je n'ai pas vu ton ami L... [1] depuis quelques jours, ce qui me fait espérer que nous le verrons bientôt, aujourd'hui peut-être ; mais dans le cas où il ne viendrait pas, je porterai moi-même cette lettre chez la personne qui doit te la faire parvenir, et à laquelle j'ai été demander ce matin si elle avait de tes nouvelles [2]. Si tu m'écris, dis-moi où tu désires que j'adresse mes lettres, et dis-moi avant tout si je te verrai bientôt.

Mercredi 12 avril 1871.

Je t'ai écrit hier par Mme B., de la Revue, qui a bien voulu se charger de ma lettre. Je t'écris aujourd'hui, je t'écris tous

1. Un de mes collègues du *Moniteur universel.*

2. Un employé du *Moniteur,* qui servait d'intermédiaire entre la rédaction de Paris et celle de Versailles.

les jours, mais cela ne m'empêche pas de m'ennuyer considérablement, et d'être très inquiète. Pourquoi t'entêter (car c'est de l'entêtement) à rester où tu es ? Je serais si heureuse et si tranquille si tu étais ici ; aussi ne sois pas surpris si un de ces jours tu me vois arriver. Il s'en est fallu de bien peu que ce ne soit aujourd'hui ; Mme B. m'ayant offert une place dans sa voiture ; sans la crainte de te contrarier et l'espoir que tu renonceras enfin à rester là-bas, tu étais sûr de ton affaire, mais c'est partie remise.

Notre amie est excellente et je me plairais beaucoup chez elle, sans les innombrables visiteurs et visiteuses que j'y vois chaque jour, et qui, en ce moment, sont un véritable supplice pour moi. Aussi je me réfugie dans ma chambre, où je passe une grande partie de mes journées ; je lis, je travaille, je t'écris, je tue le temps comme je peux. Mais je m'ennuie ! mais je m'ennuie profondément ! Je te vois hausser les épaules en lisant cela... Viens donc, mon ami ! Confie ta maison aux gens que je t'ai recommandés ; c'est le seul parti sage que tu doives prendre.

Vendredi 14 avril 1871.

J'ai reçu ta lettre du 11, celle que Béatrix doit m'envoyer ne m'est pas encore parvenue. Le départ d'Angélique [1] me contrarie, car je te connais assez pour savoir qu'à dater de ce moment tu manqueras de tout... Je t'en prie, écris-moi de revenir, je n'ose pas le faire sans ton consentement, mais c'est devenu une idée fixe pour moi. J'ai entendu dire par une personne du journal, que je maudis tous les jours, une chose qui me tourmente beaucoup. Je t'en veux de m'avoir éloignée, et de ne pas venir ; tu es vraiment entêté. Je t'assure que, quoi qu'il arrive dans l'avenir, cela ne se renouvellera pas. Je te promets aussi que dans deux ou trois jours je pars, avec ou sans ton consentement.

*Madame Eugène Asse à Madame D.*

Versailles, samedi 15 avril 1871.

Ma chère amie, je suis heureuse d'avoir de vos nouvelles ;

1. Notre cuisinière.

j'envie votre sort, vous avez votre mari près de vous. Quand vous verrez Eugène, grondez-le donc, car c'est très méchant à lui de ne pas venir ici, ou de ne pas consentir à ce que je retourne où il est... Si vous saviez, mon amie, combien je suis triste et je m'ennuie ! Je sais que vous le comprendrez, c'est pourquoi je vous le dis. J'ai bien envie de retourner à Paris ; je contrarierai Eugène ; mais après tout, je ne ferai que lui rendre ce qu'il me fait ; vous devez me trouver bien méchante, mais vous ne pouvez pas vous figurer combien je suis irritée.

*Madame Asse à M. Eugène Asse.*

Samedi 15 avril 1871.

Mon ami, je reçois à l'instant ta lettre dont mon amie a bien voulu se charger, j'avais reçu l'autre. Tu me fais l'effet de n'avoir reçu aucune des miennes, et pourtant celle-ci est la huitième que je t'écris... Je ne suis pas contente de toi, tu me fais beaucoup de peine en restant à Paris et en m'empêchant d'aller t'y retrouver, et si cette situation se prolonge, je t'avoue que j'y retournerai sans ton consentement... Maintenant que tu es seul, je suis certaine que tu manques de tout ; tu dois être fort mal nourri. Ton ami Félix est bien plus sage que toi, car j'ai cru comprendre qu'il accompagne sa femme et sa fille, et il a tout autant que toi des motifs pour rester où tu es... J'ai vu M. Paul Dalloz au bureau d'ici ; il m'a dit qu'il te croyait en très bonne santé, mais tout cela est très vague. Écris-moi toutes les fois que tu le pourras. Je m'ennuie beaucoup ; notre amie est pourtant excellente et aimable ; mais on voit tant de monde chez elle, que c'est un véritable supplice pour moi. Je sors très peu parce que, ayant de très nombreuses visites à faire, elle n'a pas le temps d'aller se promener, et tu me connais assez pour deviner que je ne veux pas l'accompagner chez autrui.

Dimanche 16 avril 1871.

Notre amie a reçu hier une lettre de M. Georges qui lui apprend qu'il ne peut pas vivre davantage avec son père, et il lui demande si elle a une chambre à lui donner. J'habite maintenant la chambre de l'officier qui est parti, celle que j'avais avant est donc libre ; mais ne penses-tu pas, comme moi, qu'il peut devenir indiscret de demander aussi longtemps l'hospitalité à notre amie ? Cette idée me poursuit et me rend très malheureuse. Mme C. est parfaitement bonne, affectueuse, et me répète chaque jour que je ne dois pas penser à la quitter, qu'elle ne me laisserait pas partir, et une foule d'autres bonnes paroles, mais cela ne m'empêche pas de me sentir très gênée, et de n'avoir d'autre désir que celui de retourner près de toi, quoi qu'il puisse en advenir. Réponds-moi donc à ce sujet... On dit que Paris est cerné, si tu allais manquer du nécessaire ?

*Madame Eugène Asse à Madame D.*

Dimanche 16 avril 1871.

Vous aurez peut-être quitté Fontainebleau quand cette lettre y arrivera ; je l'écris donc à tout hasard. Je relis celle que j'ai reçue de vous hier, elle est affectueuse et aimable comme vous, et j'ai dû vous paraître bien grognon dans ma réponse... J'entends dire que Paris est de nouveau cerné, et cela me fait la plus grande peine ; je crains qu'Eugène ne soit mal nourri, ou plutôt qu'il ne le soit pas du tout. A la maison il n'y a plus de provisions ; et d'ailleurs en aurions-nous, qu'il est incapable de les préparer lui-même. Je vous en prie, chère amie, dites-lui, comme vous le pensez certainement, qu'il doit me laisser revenir.

Je me tourmente tant que mes cheveux blanchissent.

Lundi 17 avril 1871.

Vous le voyez, chère amie, j'abuse de votre complaisance ; vous voilà transformée en un joli petit facteur ...[1] Eugène m'a écrit hier, ou du moins j'ai reçu sa lettre hier, car elle est

1. La poste ne fonctionnant pas entre Paris et Versailles, c'est souvent à Fontainebleau qu'Amélie m'adressait ses lettres, d'où elles me revenaient à Paris par l'intermédiaire de Mme D.

datée du 13 ; il me dit de ne pas songer à aller le retrouver; mais en revanche, il ne parle pas de venir ici. Vous allez sans doute retourner bientôt chez vous, quoiqu'il fût peut-être mieux de rester où vous êtes. Je vous prie, chère amie, d'aider Eugène de vos conseils. Quand tout cela finira-t-il ? On ne fait absolument rien ; hier il y avait sur les murs une affiche dans laquelle M. Thiers dit que l'on ait de la patience, que c'est la seule manière d'arriver sûrement au but, sans répandre trop de sang. Ici on est parfaitement tranquille, on ne dirait jamais qu'on se bat à trois lieues.

*Madame Asse à M. Eugène Asse.*

Lundi 17 avril 1871.

Cher ami, j'ai reçu les quatre lettres, mais il paraît que les miennes n'ont pas eu un sort aussi heureux... J'ai écrit deux fois à ma chère petite Béatrix, que je voudrais bien voir. Et toi, quand viendras-tu ?

Lundi 17 avril 1871.

Mon ami, dans ma lettre d'hier, j'ai oublié de te dire que tu t'occupes de M. Georges ; si tu pouvais le faire entrer où tu es, son aimable mère en serait très heureuse. Je t'ai écrit ce matin quelques lignes qui arriveront à Paris avec les lettres de Mme B., qui a la complaisance de te les faire parvenir, ou du moins qui me l'a offert. J'en ai déjà envoyé plusieurs par cette voie... Paris est de nouveau bloqué, as-tu songé à faire quelques provisions, ne manques-tu de rien ? Je pense sans cesse à cela... Si tu étais sage, tu te procurerais un laisser-passer, et tu viendrais.

Mardi 18 avril 1871.

Mon ami, j'ai appris avec douleur que presque toutes les lettres que je t'ai écrites, et que Mme B. voulait bien se charger de t'envoyer ne te sont pas parvenues, puisque Mme B. elle-même n'a pas reçu les siennes. J'espère que celle-ci te sera remise en mains propres par le jeune secrétaire de M. B., qui a dîné chez notre chère amie ce soir, et qui doit même y coucher ;

tu auras donc de moi des nouvelles très précises. Ce jeune homme, étant étranger, peut circuler librement.

Dans toutes mes lettres je te priais de me laisser retourner près de toi, ou bien alors de venir me rejoindre. J'entends dire à tout le monde que cette situation peut se prolonger ; tu ne penses pas, j'espère, me faire rester ici encore un mois ou six semaines ; et toi-même, comment supporterais-tu pendant si longtemps cet abandon et ce manque de soins ? Écris-moi toutes les fois que tu le pourras ; tu dois comprendre combien je suis inquiète. J'ai reçu de toi, jusqu'à ce jour, quatre lettres, y compris celle envoyée par mon amie Béatrix, qui est l'avant-dernière. Viens donc, si c'est possible, ou bien laisse-moi revenir... Surtout aie de toi le plus grand soin ; pas d'économie mal entendue. Que ta santé soit ton unique perspective ; et si notre quartier était exposé aux obus, va habiter chez ton ami Charles [1].

Dimanche, avril 1871.

Mon ami, je suis fort embarrassée, et j'aurais en ce moment grand besoin de tes sages conseils. J'ai toujours le même désir de retourner à Paris, mais je viens de lire dans le journal qu'une loi nouvelle prenait les hommes jusqu'à cinquante-cinq ans ; d'un autre côté, il a été dit ici par la personne *la mieux renseignée du pays* que les choses pouvaient se prolonger encore six semaines, et je ne veux pas passer tout ce temps-là ici, tu le sais. Écris-moi donc tout de suite à ce sujet. Nous ferions peut-être bien, s'il en était encore temps, de partir tous les deux pour Saint-Aubin, et alors je ferais sagement d'aller chercher un peu de linge à la maison. Si tu décides que nous restions, fais quelques provisions, car M. Léon [2] doit nous avoir dit la vérité... Tout en t'écrivant, je réfléchis que plus j'attendrai, et plus il me sera difficile d'entrer et de sortir ; j'ai envie de suivre le sentiment qui me pousse à partir tout de suite. Je suis dans une incertitude désolante. Mais surtout que cette idée ne t'empêche pas de

1. Rue de Grenelle, n° 89, chez M. de B.

2. L'officier d'état-major dont il est parlé plus haut.

revenir ici, si c'est ton intention ; moi, je pourrai toujours sortir.

Quel embarras ! quelle inquiétude ! Je crois, mon ami, qu'il faut renoncer à tout ce que l'on possède ; il faut même l'oublier, et ne penser qu'à soi... Mme C. me donne le conseil d'attendre une réponse de toi, je ne sais que faire. Écris-moi toujours, et de suite, et réponds à tout.

On me remets ta lettre ; je suis heureuse de te savoir bien portant ; mais j'ai bien du chagrin d'être obligée de rester ici.

Avril 1871.

J'ai ta lettre ; elle ne me dit rien de précis. Je ne veux pas partir à Saint-Aubin sans toi, n'en parlons plus. Je vais encore attendre un jour ou deux, après lesquels je retournerai à Paris avec la bonne. J'espère toujours que quelque chose va se décider, voilà pourquoi j'attends, car je pourrais partir aujourd'hui. S'il y avait du danger dans notre quartier, reste chez M. de B. Quant à trouver un domicile quelconque ici, impossible ; je pourrais aller à Saint-Germain, au couvent où est la mère de notre amie... Mais c'est bien inutile, ma vraie place est avec toi. A bientôt, j'attends une réponse à ceci, pour partir.

*Madame Eugène Asse à Madame D.*

Lundi 24 avril 1871.

Mon amie, depuis la dernière lettre que je vous ai écrite, j'ai eu un grand bonheur, et j'ai maintenant un gros chagrin. Au moment ou je l'espérais le moins, Eugène est venu passer un jour avec moi [1], et puis il est reparti pour cette horrible ville où j'avais l'intention de le suivre de près. Mais aussitôt arrivé il m'a écrit de ne pas revenir, et ce matin j'ai appris que

1. Le mercredi 19 avril. Le matin même j'avais remis au *Moniteur*, à l'occasion de la suppression de quatre journaux l'*Opinion Nationale*, le *Bien Public*, le *Soir* et la *Cloche*, un article signé, intitulé : *La Commune et la Liberté de la Presse*, qu'à cause de « mon absence », me fut-il dit, à mon étonnement, mon collègue Camille Debans signa comme secrétaire de la rédaction.

le Chemin de fer du Nord était coupé, et les forts occupés par nos troupes. Je souhaite bien sincèrement que M. D... soit près de vous, vous devez connaître l'affreux décret qui prend les hommes jusqu'à cinquante-cinq ans ; tout cela me met dans une excessive inquiétude.

J'ai reçu votre aimable lettre. Je vous remercie de ce que vous me dites au sujet du chocolat. Eugène dîne et déjeune au restaurant, ce qui est très bien pour le moment, mais dans quelques jours, que deviendront les restaurants et tous les gens enfermés dans Paris ? Car cette pauvre ville est cernée, et j'entendais dire hier à un chef d'état-major, parent de mon amie, que le seul moyen de s'en rendre maître sans verser trop de sang, était de la réduire par la famine. Que vont faire ces misérables ? Sous prétexte de réquisitionner les vivres, ils feront des perquisitions partout et commettront tous les méfaits possibles.

*Madame Asse à M. Eugène Asse.*

Mardi 25 avril 1871.

Cher ami, j'ai reçu aujourd'hui les quelques lignes que tu m'as écrites dimanche, et je t'enverrai ceci par la voie que tu m'indiques. J'espère que demain je recevrai de toi une lettre qui me permettra de retourner près de toi, où ma présence doit être très utile, si j'en crois ce que j'ai lu au sujet des appartements vacants. J'aurais désiré emmener cette domestique, mais je me résigne de bon cœur à me priver de ses services pendant quelque temps encore, quoiqu'il valût mieux être deux dans la maison.

Mme B. a dû te remettre ma lettre, et tenter de te faire revenir avec elle, car j'étais désolée quand j'ai reçu ta lettre ; je comptais partir le lendemain ; j'avais tout préparé pour cela. Je me portes bien malgré toutes mes inquiétudes. Je regrette le temps du siège, je me trouvais mille fois plus heureuse avec toi, et quoiqu'on entendît sans cesse les obus siffler, que je ne le suis loin de toi maintenant. C'est pour moi un inexprimable supplice de ne pas me sentir chez moi, et de voir le local que j'occupe ici envié par des personnes qui y ont plus de droit que moi. J'espère que si je retourne près de toi, comme je le désire, quoiqu'il puisse m'y arriver, tu ne me feras aucun reproche.

Il faut ôter l'écriteau... Si par hasard tu peux revenir ici, mets un gardien chez nous ; mais il vaut mieux que je retourne à la maison.

Vendredi 28 avril 1871.

Le sort en est jeté, chéri ; je reviens, et tu ne me gronderas pas, n'est-ce pas ?

J'entends dire ici, chaque jour, que les choses peuvent durer encore deux mois et peut-être plus ; il est donc impossible que tu restes seul, sans soins et sans bonne pendant tout ce temps. Quant à ce qui est ici, ça y est bien ; et d'ailleurs, si c'était utile, je pourrais revenir. Notre amie, qui est la bonté même, m'engage à rester et à revenir... Je compte partir dimanche ; je retarde jusque-là mon départ, me disant que si par hasard tu venais samedi, j'y serais encore. Quoique je t'*annonce mon retour*, si je *recevais de toi l'ordre formel* de rester, je resterais malgré mon vif désir de partir, mais j'espère bien que tu ne me le donneras pas...

C'est samedi que j'arrive, le soir sans doute. Pendant que je t'écris, Mme C. a reçu une lettre de l'ami qui lui a été d'un si grand secours pendant la maladie de son fils, dans laquelle il lui dit que sa femme, dont il est séparé depuis si longtemps et qui habite Avranches, va venir passer quarante-huit heures ici, pour passer quelques moments avec son mari, auquel elle donne rendez-vous chez notre amie. Ceci me fait donc avancer mon retour d'un jour. J'arriverai demain samedi, au lieu d'arriver dimanche, comme je te le disais tout à l'heure, et quoi que tu puisse m'écrire. Tu vois toi-même que je ne peux pas faire autrement.

*Madame C. à Madame Eugène Asse.*

Versailles, vendredi 5 mai 1871.

Je commençais à être très inquiète de vous, ma chère amie, lorsque votre aimable lettre est venue me tranquilliser. J'ai été bienheureuse de vous savoir arrivée à bon port près de votre mari et heureuse d'y être, quoique cela me prive de votre présence à laquelle je m'étais si bien habituée. Fasse le ciel que vous évitiez les obus qu'on vous envoie à Passy, comme vous avez évité ceux qu'on risque sans cesse de recevoir sur la route de Saint-Denis. Mme D. est arrivée dimanche dernier à 5 heures du matin avec son père, mon vieil ami Eynaud, sur lequel je ne comptais pas. Annette lui a donné son lit et ma concierge lui a prêté un matelas sur lequel elle a couché dans la cuisine. Mon pauvre ami D., toujours courageux comme votre mari, ne passe que quelques heures ici, il s'en retourne à son poste et revient après deux jours passés dans la fournaise. Eynaud et Marie resteront près de moi probablement jusqu'à mardi prochain. Ils ont grand désir de revenir à la campagne le plus tôt possible. Nous avons été chez eux dimanche dernier [1]; c'est navrant de voir ces désastres prussiens ; nous sommes revenus le cœur serré. Enfin ! si nous pouvions donc retrouver un peu de calme après tant de tempêtes.

Adieu, ma chère amie, donnez-moi souvent de vos nouvelles, vous savez combien je vous aime tous deux, et croyez toujours à la sincère affection de votre amie.

*Madame Eugène Asse à Madame D.*

Paris, samedi soir, 6 mai 1871.

On me remet à l'instant votre lettre, ma chérie, et le croirez-vous, je suis heureuse de vous savoir ici, parceque j'espère vous y voir, car moi aussi je suis dans le gouffre, et très contente d'y être. Venez me voir si vous avez un moment, le jardin, quoique pas du tout cultivé, est ombreux et agréable ; Bébé y jouera tout à son aise pendant que nous causerons. Il y a aujourd'hui sept journaux supprimés [2],

1. A Louveciennes.

2. *Le Temps*, la *France*, le *Petit Moniteur*, la *Petite Presse*, le *Petit Journal* le *Petit National*, le *Bon Sens*, par décret de la Commune du 6 mai. Le jour même parut dans le *Moniteur* l'article suivant :

VIVE LA LIBERTÉ DE LA PRESSE !

*Vive la liberté de la Presse!* Telle est notre protestation contre le nouveau mais ça ne nous regarde pas encore[1]. Comme vous je pense que cela ne pourra pas durer. Je vous prie, chère amie, de faire toutes nos amitiés à votre mari. Eugène vous présente ses respects. Moi je vous embrasse tendrement ainsi que l'enfant chéri.

*Madame C. à Madame Eugène Asse.*

Versailles, samedi 13 mai 1871.

Pourquoi rester encore à Passy, ma chère amie, lorsque vous y êtes en danger? Vous n'avez plus de raison pour ne pas quitter votre mari. Il n'a plus rien à faire maintenant à Paris, vous êtes donc complètement libres tous deux. Je pensais vous voir arriver déjà hier au soir. Mes amis D. et E. sont repartis après avoir passé dix jours avec moi. Je crains que vous ne puissiez plus sortir; si vous ne pouvez pas venir, écrivez-moi, car je suis bien tourmentée de vous savoir là-bas. Georges est très occupé, mais se porte bien. Adieu, ma chère amie. Je vous embrasse de tout mon cœur. Venez ou écrivez-moi. Mille amitiés à Eugène.

Versailles, jeudi 25 mai 1871.

Ma chère amie, je suis très tourmentée de n'avoir pas de vos nouvelles à tous deux. Écrivez-moi donc par le journal. J'attends avec impatience un mot de vous. Si vous pouviez faire parvenir cette lettre j'en serais très contente.

*Madame Eugène Asse à Madame D.*

Paris, dimanche 21 mai 1871.

Chère amie. Nous avons fui notre enfer hier soir entre deux bordées de coups de canons, et, comme Mme Bouvret,

décret de suppression qui frappe, ce matin, sept de nos confrères. Et maintenant au combat! Comme autrefois les gladiateurs criaient aux maîtres de Rome asservie, nous disons aux nouveaux Césars de la Commune : *Ave Cæsar, morituri te salutant.*

EUGÈNE ASSE.

1. Le *Moniteur* fut supprimé six jours plus tard, le 13 mai.

nous n'avons rien pu emporter. Depuis une dizaine de jours je vivais dans une pièce dont les portes et les fenêtres étaient bouchées par des matelas, et craignant à chaque instant qu'un obus ne vienne sur nous par le toit en traversant toute la maison ; et pourtant les obus n'étaient rien comparés aux balles qui sifflaient et frappaient nos persiennes sans relâche depuis que l'armée est sous les fortifications. Les insurgés ont établi une batterie dans une maison qui est un peu au-dessus de la nôtre, et chaque boulet qu'ils envoient passe assez près de la maison pour couper les branches de nos arbres. Jugez par là de notre situation ; les Prussiens n'étaient rien en comparaison de tout cela. On a de plus la certitude d'être pillé, dès qu'une maison est abandonnée ces monstres vont voler, et ils brisent ce qu'ils ne peuvent emporter. Ils auront une déception chez moi, il n'y a pas de vin.

Je suis chez nos amis de la rue de Grenelle, mais je crois que nous allons quitter Paris très prochainement, les occupations d'Eugène ne l'y retiennent plus. J'espère pouvoir aller vous embrasser auparavant. Vous devriez bien vous en aller aussi, tout cela est si triste qu'il vaut mieux ne pas le voir. Je vous embrasse ainsi que le cher Bébé. Mes amitiés à votre mari.

Passy, vers le 25 mai 1871.

Après une foule de tribulations et de frayeurs que je vous raconterai, nous sommes enfin rentrés chez nous et nous avons trouvé la maison à peu près intacte. Je crois que celle de M^me^ de S. a été préservée aussi, j'ai demandé à un jardinier qui demeure rue La Fontaine 80, dans quel état elle était ; il m'a répondu qu'elle n'avait rien, mais que celle qui la précède était presque détruite. Vous seriez bien aimable de m'écrire ; que je sache au moins ce que vous êtes devenus ; j'espère que vous n'avez pas eu trop à souffrir. Mais nous, rue de Grenelle, c'était horrible. J'ai bien regretté d'avoir quitté Passy malgré les obus et les balles. Enfin ! c'est fini, reste maintenant les incendies. Vous allez trouver que je me répète, mais je vous en prie, ma petite amie, écrivez-moi. Je vous prie de faire toutes nos amitiés à votre mari. Eugène vous présente ses respectueuses amitiés. Je vous embrasse tendrement, ainsi que votre chère petite.

*Madame C. à Madame Eugène Asse.*

Versailles, mercredi 31 mai 1871.

Enfin c'est donc fini ! Nous pouvons donc penser, ma chère Amélie, que nous nous reverrons. Que j'ai donc souvent été préoccupée de vous ! Que de fois je me suis demandé où vous pouviez être pendant cette horrible bataille. J'avais été aux bureaux du *Moniteur*. J'avais parlé à M. Dalloz qui m'avait dit qu'Eugène était au quai Voltaire [1], de sorte que j'étais bouleversée de vous savoir séparés en un pareil moment. J'ai donc été bien heureuse de vous savoir réunis, et sains et saufs tous les deux. Que de désastres, ma pauvre amie, que de ruines en peu de temps ! Je comprends bien que vous ayez hâte de quitter le théâtre de si affreux événements pour reposer vos yeux et vos esprits. Avez-vous vu le cousin de Tony Moilin ? Qui nous eut dit que ce malheureux garçon finirait ainsi ; je le croyais bien un peu fou, mais pas à ce point [2].

Dès qu'on pourra circuler librement sans laisser-passer, j'irai à Paris passer un ou deux jours, et j'espère bien vous voir. Je serai bien heureuse de vous embrasser tous deux. A bientôt donc, mes chers et bons amis, et croyez-moi toujours votre vieille et bien affectionnée amie. Vous ne me dites rien de votre mobilier ; est-il en bon état ?

*Madame Eugène Asse à Madame D.*

Paris, mercredi 14 juin 1871.

Ma chère amie, aujourd'hui je voulais aller vous voir, mais le sort en a décidé autrement ; je suis condamnée à chercher et à trouver dans le plus bref délai un appartement...

Je crains, ma chère amie, que vous ne soyez un peu fâchée, je vous ai écrit deux lettres, auxquelles vous n'avez pas

1. M. Dalloz se trompait, je ne quittai pas la rue de Grenelle.

2. Le Dr Moilin avait beaucoup fréquenté à Paris le salon de Mme C.

répondu. Écrivez-moi donc, et aimez-moi un peu, moi qui vous aime beaucoup.

*Madame D. à Madame Eugène Asse.*

Fontainebleau, samedi 17 juin 1871.

Ma chérie, je vous prie de ne pas m'en vouloir si je ne vous ai pas écrit plus tôt ; je ne savais où vous adresser ma lettre. La vôtre ne m'est arrivée que cette semaine. Je vous suis bien reconnaissante d'avoir pensé à nous au milieu de vos tourments. J'avais espéré que vous aviez pu partir. Je vous plains du fond du cœur d'avoir assisté à toutes ces horreurs Que d'affreux moments vous avez dû passer. Nous n'étions venus à Fontainebleau que pour repartir presque aussitôt, lorsque l'entrée de Paris est devenue impossible ; si F. avait seulement retardé son voyage d'un jour, il était pris dedans pendant que j'aurais été retenue au dehors. Que serions-nous devenus l'un et l'autre ? Je suis heureuse que votre maison n'ait pas été trop maltraitée. La nôtre ne s'est pas écroulée non plus [1] ; c'est extraordinaire, vieille et mal bâtie comme elle l'est et déjà si ébranlée par les obus prussiens. Nos portes et presque tous nos meubles ont été renversés. Par bonheur Céline et son mari s'étaient mis à l'abri. J'attends mon mari demain soir et nous retournerons tous à Paris probablement lundi. Je vous réserve ma première visite. Mon grand Bébé et moi vous embrassons de tout cœur. Mille amitiés à Monsieur Asse.

Ce furent là comme les temps héroïques, mais bien douloureux, de M^me^ Eugène Asse. Revenue à sa vie calme et paisible, rentrée dans sa demeure si bien ordonnée, soignée, embellie par elle, et que nous avions retrouvée, après notre terrible aventure de la rue de Grenelle, à peu près dans l'état où nous l'avions laissée, elle ne songea plus qu'à oublier cet affreux cauchemar de plus de huit mois.

1. Rue d'Assas, 126.

## V

Depuis lors sa vie a ressemblé à un lac paisible où ne se reflète que l'azur d'un beau ciel. Une grave maladie qu'elle fit au printemps 1875, fut le dernier contre-coup de ces événements funestes. Heureux si, par les souffrances passées, nous avions pu pour toujours désarmer la destinée, et payer à jamais la rançon de notre bonheur!

Ce qu'on appelle le monde, avec ses entretiens futiles, ses visites en courant, ses amitiés banales, avait peu d'attraits pour Mme Eugène Asse. Sa pensée plus haute, ses goûts plus simples, lui préféraient un petit cercle d'amies auxquelles elle se consacrait tout entière. Rien ne lui plaisait davantage que l'intimité, comme c'est aussi dans l'intimité qu'elle montrait toute la vivacité de son esprit, toute sa grâce, tout son enjouement, qu'elle était vraiment elle-même. Tenue par ses lectures au courant de ce qui se publiait de quelque importance, sa conversation, variée, primesautière, du ton toujours le plus exquis, était semée de réflexions ingénieuses, de traits heureux sur les hommes et leurs écrits. La politique n'était pas son fait, elle en avait horreur, et avouait sans détour qu'elle n'y entendait rien. Par ce temps de précieuses parlementaires, c'était là un de ses grands charmes, et une des surprises qu'elle ménageait à ceux qui s'imaginaient que, femme d'un journaliste, la formation et la chute des cabinets l'intéressaient beaucoup, et que ses héros siégeaient sur les bancs des deux Chambres. Ce n'est pas qu'elle n'eût sa foi politique; mais elle la gardait pour elle, et n'en parlait pas. Spontanément, sans influence héréditaire, car son père avait été un très fervent Orléaniste ; uniquement par respect pour la grandeur passée de la France, par sympathie pour le noble caractère du prince qui représentait alors le principe sans mélange de la monarchie, elle aurait été une légitimiste militante, si elle ne se fût imposé la loi, en pareilles choses, de n'être qu'une spectatrice, ou comme elle le disait, une « rêveuse ».

Faite pour l'amitié, elle inspirait ce sentiment à presque toutes les personnes qui se trouvaient en rapport avec elle. Mais comme elle avait le caractère le plus droit qui fut, que sa perspicacité ne se trompait guère, que son visage, mobile et expressif, ne savait pas dissimuler sa pensée, ceux dont elle avait deviné les vrais instincts sous leurs faux dehors, soutenaient mal son calme et clairvoyant regard, et s'éloignaient. Mais combien ils étaient rares, car elle était la bienveillance, la loyauté même, et ne desservit jamais personne d'un mot. Elle ignorait la médisance.

Sa noble intelligence, son esprit si net, si lumineux, se reflétaient dans un langage qui joignait à une rare précision beaucoup d'agrément et d'élévation. Le mot juste lui venait naturellement, et les plus difficiles n'auraient pas trouvé une forme différente et meilleure à sa pensée.

Elle avait les plus heureuses rencontres d'expressions, et il m'arriva un jour de lui dire, en riant, qu'elle aurait fait le succès et la fortune d'un mari écrivain dramatique, car il n'aurait eu qu'à recueillir ses *mots*. Dans un écrit, elle ne pouvait souffrir les épithètes oiseuses, les répétitions de pensées ou de mots, les phrases qui s'allongent aux dépens de la clarté et de la force. Son goût était si sûr, son instinct littéraire si infaillible que je la consultais toujours, et que si j'ai trouvé quelquefois ses conseils rigoureux, je me suis toujours applaudi de les avoir suivis. Ses lettres étaient charmantes, pleines de naturel, de gaieté aimable, d'émotion affectueuse, de sincérité. On n'y sentait surtout aucun effort : c'était d'abondance qu'elle écrivait, un buvard sur ses genoux, ne prenant jamais la pose d'une femme assise à son bureau, qui compose une « page ». Sa plume courait sur le papier. Ses amies les plus chères les avaient presque toutes conservées, comme elle les leurs, et quand je les ai reçues de leurs mains bienfaisantes, je leur ai dû plus que je ne saurais jamais dire. En les relisant, il me semble la voir encore, avec son gracieux sourire, son bon et fin regard. Elle est tout entière dans son style.

Cette belle âme avait une enveloppe digne d'elle. Toute la personne d'Amélie était comme pénétrée de spiritualité, d'idéal. Sur son front bien proportionné, à la courbe harmonieuse, se lisait la pensée, comme dans ses yeux pers, aux longs cils recourbés, la droiture et la franchise. Rien n'avait plus de douceur que son regard, et les siens en éprouvaient à ce point le charme, que sa nièce, une enfant, lui écrivait en 1852 : « Je t'embrasse comme je t'aime; maman t'embrasse sur tes beaux yeux ». Sa main mignonne, aux doigts effilés, était celle de son père.

A Charpentier pinx — Heliog Ducourtioux & Huillard

Madame Eugène Asse

1872

Sa bouche, petite, d'un dessin très pur, quand elle s'entrouvrait en un sourire, jamais affecté, laissait apercevoir des dents d'un éclat nacré. La grâce, la bonté s'épanouissaient sur son visage, dont l'ovale régulier se perdait dans les boucles soyeuses de cheveux châtains tombant en longues *anglaises*. Sa mère, de bonne heure, avait adopté pour elle cette coiffure, alors à la mode, qui lui seyait à ravir, et que je ne la vis pas sans regret abandonner vers 1869, quelques années après notre mariage. Dans sa jeunesse, le tendre incarnat de son teint faisait naturellement penser aux nuances de l'aurore naissante, à l'aube à peine rougissante, et aurait excusé cette comparaison démodée, parce qu'elle était vraiment la seule qui exprimât bien la suave délicatesse de ce coloris. Une taille mince, souple, élancée, donnait à sa démarche beaucoup de légèreté et d'élégance. Comme dit le poète :

L'herbe l'auroit portée ; une fleur n'auroit pas
Reçu l'empreinte de ses pas [1].

Sa voix, très douce, avec beaucoup de flexibilité et de justesse, avait une harmonie particulière, que je n'ai connue qu'à elle. Pure comme le cristal, elle était de plus chaude et sympathique : elle allait au cœur.

Les portraits que j'ai d'elle sont tous bien au-dessous du modèle. Quel artiste, en effet, il aurait fallu être pour rendre la transparence de son teint, la profondeur et la limpidité de son regard, la mobilité intelligente de ses traits. Le peintre Auguste Charpentier, connu cependant par de beaux portraits, n'y a pas complètement réussi.

Les heureuses aptitudes de son esprit avaient été déve-

1. La Fontaine, *Le Songe*, à la princesse de Conti.

loppées par sa passion pour la lecture, et par un goût qui n'avait rien d'exclusif, car si elle aimait beaucoup les modernes, elle ne leur sacrifiait pas nos classiques, dont sa jeunesse s'était nourrie. Mariée, son cercle de lectures s'était naturellement étendu. Musset l'avait beaucoup frappée, mais chez lui elle choisissait, et ce choix faisait honneur à son goût. Sur son livre d'extraits, c'est l'admirable sonnet du *Fils du Titien* que l'on trouve copié de sa main. Comment pourrais-je aujourd'hui sans une émotion y lire ces vers :

> Dans sa blanche poitrine était un cœur fidèle,
> Et dans un corps sans tache un esprit sans détour.

N'est-elle pas là tout entière? Combien de fois, en redisant ces vers du poète, n'ai-je pas pensé à la droiture de son esprit, à la loyauté de son cœur !

Dans ses premières années de mariage, elle allait souvent au théâtre, qu'elle aimait; surtout à la Comédie-Française, à l'Opéra-Comique, au Théâtre-Lyrique. Mais plus tard elle préférait passer ses soirées chez elle, et lire en volume les pièces d'Augier, d'Alexandre Dumas, d'Octave Feuillet, de Labiche. C'était son spectacle dans un fauteuil.

Les réceptions à l'Académie française avaient beaucoup d'attraits pour elle, et comme j'en rendais compte alors dans le *Moniteur* et pouvais disposer d'un billet, elle n'en manquait aucune. Elle n'oublia jamais celle où M. Thiers, pour la première fois après son élection à la présidence de la République, vint s'asseoir à sa place d'académicien. De quels traits elle peignait le petit vieillard, débordant d'orgueil dans toute sa personne, et ne parvenant pas à le dissimuler en se masquant le visage de sa main ouverte; et, sur un banc plus élevé, la figure impassible de M. Guizot, ne perdant pas de vue son ancien adversaire et semblant le juger du haut de son austérité puritaine. Avec quelle gaieté, quelle vivacité, elle racontait les petites comédies qui se jouent dans l'auditoire, avant l'entrée de l'illustre compagnie, et même après la séance; les coquetteries des femmes qui retardent leur arrivée, afin qu'elle fasse événement; le parler à la cantonade de certain homme de lettres qui, d'un banc à l'autre, le verbe haut, narre à un ami ou à un parent, compère involontaire, la fin de son roman en cours de feuilleton; la modestie voulue de tel académicien de race illustre qui, sa lecture terminée, affecte de s'esquiver en tapinois « parce qu'il craint les ovations ». Parfois, plus peut-être que les discours du récipiendaire et du directeur, ce qui l'intéressait dans ces séances académiques, c'était l'étude des visages; son grand plaisir était de saisir sur les traits des célébrités littéraires, dans leur regard, dans leur maintien, quelques indices révélateurs de leur talent; de retrouver leurs habitudes d'esprit dans leurs habitudes de tenue, d'expression. Ses observations à cet égard étaient des plus ingénieuses, la gaieté n'en excluait pas le sérieux, et ces tableaux de physionomies comparées n'étaient pas sans enseignement.

Les beaux-arts la passionnaient presque autant que les lettres, et elle y faisait preuve d'un goût très fin. La musique, la peinture surtout, la captivaient. Peu de femmes appréciaient nos peintres et nos sculpteurs avec plus d'intelligence, et ont porté sur eux un jugement plus équitable. Cette sûreté de critique était d'autant plus remarquable, qu'elle était le résultat de ses seules observations, de ses comparaisons judicieuses, d'un instinct inné pour le beau. Sans se préoccuper des noms, dans une exposition, dans un musée, elle s'arrêtait toujours à l'œuvre la plus remarquable : c'était presque de l'infaillibilité. Si elle n'était pas musicienne exécutante — nous savons que son père s'était formellement opposé à ce qu'elle apprit le piano et même le chant, — elle était admirablement douée pour la musique : la justesse de son oreille, sa mémoire musicale, sa flexibilité d'organe étaient telles que le son d'une voix humaine une fois entendu, elle ne l'oubliait plus et pouvait le reproduire avec une étonnante fidélité.

Après ces distractions intellectuelles, elle n'en connaissait pas de plus grande, qui convint davantage à ses goûts, que les voyages, ou plutôt les séjours prolongés à la campagne, ce qu'on pourrait appeler une longue intimité avec la nature.

---

## VI

 la suite des épreuves cruelles des deux sièges, elle avait dû, pour raffermir sa santé, retourner au bord de la mer. Elle s'était, une première fois, si bien trouvée de Saint-Aubin, que dix années de suite cette plage tranquille devint son séjour favori pendant les mois de juillet et d'août. Deux amies, Mme D. et Mme A. C., qui l'y accompagnèrent, quoiqu'à de trop longs intervalles, ajoutèrent beaucoup à l'agrément de cette petite station balnéaire.

La nature avait d'ailleurs un si grand charme pour elle, qu'elle ne se lassait jamais de la contempler, de l'étudier, de l'admirer. Les travaux de la campagne, les soins de la ferme excitaient au plus haut point son intérêt. Là comme partout, elle se fit des amis de tous ceux qui la connurent, riches ou pauvres. Elle conversait avec les pêcheurs, s'enquérait de leurs fatigues, de leurs dangers, leur demandait des conseils sur l'art de la pêche, auquel elle n'était pas restée étrangère ; sur les pronostics du temps. Allant visiter les fermes environnantes, d'où elle tirait les provisions dont elle avait besoin, elle y était partout la bienvenue, car partout elle se montrait aimable, bienveillante, curieuse de ce qui touche à la vie rurale. A Bernières, chez Mlle Guillemette, la fermière, elle était reçue avec des transports de joie : il n'est sorte de prévenances dont elle ne fut l'objet. La ferme en quelque sorte lui appartenait : bêtes, choses et gens.

Le pays n'a rien de pittoresque, il est vrai ; point de falaises comme à Lion, ou, plus haut vers l'ouest, à Arromanches ; point de sentiers ombreux, comme à Villers et à Beuzeval : pour horizon de grands champs de luzernes et même d'oignons. Mais la plage est du sable le plus fin, et des rochers du Calvados se détachent, à la marée montante, une énorme quantité de varech qui change souvent la mer en un véritable pré, et augmente beaucoup les propriétés iodées de ses vagues, rendues ainsi d'autant plus salutaires. Le poisson y est très abondant, la pêche aux crevettes franches, aux crabes, aux moules, aux équilles, très fructueuse. Avec le plaisir du bain, ce sont là d'agréables passe-temps. Pour les personnes qui, comme M^me^ Eugène Asse, ne craignaient pas la marche, les excursions plus lointaines ne manquaient pas, et le plaisir payait largement la peine. C'est ainsi qu'elle visitait, tantôt le pittoresque et verdoyant Bernières, avec ses trois châteaux d'aspects si divers, et cette étrange et vieille demeure voisine du sémaphore, dont l'isolement a quelque chose de si lugubre qu'au retour d'une promenade avec elle à ce lieu désolé, nous imaginâmes un roman des plus sombres ; tantôt Tailleville, où un événement dramatique, récent alors, fournit à Robert Browning le sujet d'un de ses poèmes ; plus loin encore, Courseulles avec son vieux castel du temps de Louis XIII, ses parcs aux huîtres, son petit port si animé ; Fontaine-Henri, Creully, et leurs curieux châteaux. Mais elle revenait toujours à la mer qu'elle aimait passionnément. Hélas ! c'est sur elle que devaient s'arrêter presque ses derniers regards.

Ces dix années, pendant lesquelles, chaque été, Saint-Aubin nous vit revenir fidèles à sa plage, ne furent marquées pour nous par aucun événement, mais cette vie calme, un peu monotone, nous laissa un souvenir de si parfait bonheur que nous nous plaisions à en parler ensemble, et c'est avec une bien douce émotion que j'en ai recueilli les menus faits dans les pages de correspondance que je transcris ici :

*Madame Eugène Asse à Madame D.*

Saint-Aubin-sur-Mer, samedi 22 juillet 1871.

Il y a peu de monde à Saint-Aubin [1], et le poisson est d'un bon marché étonnant ; pour vous en donner une idée, j'ai eu ce matin trois jolis maquereaux pour 40 cent. les trois ; quant à la brème, « la belle brème » [2], elle abonde. — « Sept sous, elle va passer, pas de regrets, sept sous, adjugé ! » Il a toujours des lunettes, il bave toujours, il est toujours aussi drôle et aussi laid, et il a poussé la confiance jusqu'à me faire crédit d'un sou avant-hier... Nous avons pris trois bains, la mer était calme et bonne, mais cela va changer, le vent s'élève, et l'on voit des moutons dans le lointain. Le filet de Bébé chéri est à Saint-Aubin, mais il n'a pas encore servi. Je n'ai pas la moindre envie de me mouiller les pieds pour aller pêcher. Cette année, j'entre aussi ridiculement dans l'eau qu'à Villers, cela tient sans doute à ce que je suis moins forte [3]. J'ai des suffocations insupportables. La vache noire et blanche rumine toujours dans le champ en face de nos fenêtres ; c'est un supplice de Tantale ; tout son lait est retenu ; impossible d'en avoir. L'âne Jacques se porte bien aussi.

1. Partis de Paris le 19 juillet, nous revînmes, moi le 21 août, Amélie le 31.

2. Expressions familières au crieur de la pierre au poisson, Jamet

3. Triste conséquence du régime de siège.

Saint-Aubin, samedi 19 août 1871.

Le séjour de Saint-Aubin n'a pas toujours été agréable pour moi cette année, Eugène est tombé malade quatre jours après notre arrivée, il a eu un coup de soleil qui lui a donné un violent mal de tête et une grosse fièvre... Saint-Aubin est un pays de cocagne ; j'y ai fait des découvertes précieuses ; à Bernières il y a une fermière [1] qui nous a vendu de la crême et du beurre exquis, et des canards aussi. Quant aux œufs, aussitôt que j'arrive la fermière dit à son garçon : « Va voir dans les nids, petiot », et on me les rapporte tout chauds, moyennant la modique somme de 17 sous la douzaine... J'ai lu avec le plus grand plaisir la bonne petite lettre de Bébé chéri. Lucien [2] me parle d'elle tous les jours ; hier, il était monté sur une des bornes qui sont au pied du perron, et il me disait : « Ah ! Madame, quel malheur que Mademoiselle Béatrix ne soit pas sur l'autre borne comme l'année passée ; mais elle ne voudrait peut-être plus jouer avec moi, maintenant qu'elle est si grande ». Je lui ai donné l'assurance que, quoique grande, Bébé aimait encore à jouer.

*Madame Asse à M. Eugène Asse.*

Jeudi 24 août 1871.

... Je me porte bien, je me baigne très régulièrement en société de la jolie petite Germaine et de sa mère [3]... Il fait un vent horrible aujourd'hui, et une chaleur insupportable. Tu dois être bien mal dans ce vieux grognon de Paris.

Dimanche 27 août 1871.

On calomnie la Normandie, mon ami ; il n'y a pas de brouillard, ou plutôt il n'y en a eu qu'une fois ; il est vrai qu'il était assez épais pour empêcher de voir la mer de nos fenêtres, mais depuis nous avons eu le plus beau temps du monde. Je me baigne maintenant le matin ; aujourd'hui j'étais dans l'eau

1. Mlle Guillemette, excellente et aimable personne.

2. Le jeune Mériel.

3. Mme Tison et sa fille, venues de Mantes.

à 6 h. 3/4, et j'ai pris un excellent bain, avec de grosses vagues qui passaient par-dessus ma tête, mais je crains que ce délicieux bain ne soit le dernier de cette année. Je me reproche d'être ici comme un coq en pâte, pendant que toi tu es à Paris sans air et sans soins, et j'ai hâte d'aller partager et adoucir ton sort... Aujourd'hui dimanche, je vais me gâter ; j'irai en me promenant avec mon fidèle cordon bleu (aussi fidèle que cordon bleu), chercher de la délicieuse crême que tu sais à Bernières.

Lundi 28 août 1871.

C'est bien décidé, je reviens jeudi, le 31... Il fait ici un temps admirable ; pas un nuage au ciel, une mer bleue et un air vif, mais vif au point d'être froid, et d'obliger les gens à prendre des vêtements chauds malgré le soleil. J'ai pris un bain ce matin à 7 heures, et c'était ce qui peut s'appeler un bain froid. Il est près de midi, et j'en suis encore violette.

*Madame Asse à M. Eugène Asse.*

Saint-Aubin, lundi 1er juillet 1872 [1].

Cher ami, je suis arrivée à bon port, mais je n'ai pas encore mes bagages.

Mardi 2 juillet 1872.

J'ai mes malles, et c'est la première chose que je te dis, elles sont arrivées deux heures et demie après moi... J'ai dîné chez Mme Delaunay, qui a été parfaitement bonne, ainsi que son mari. La mer est toujours belle, il fait ici une fraîcheur délicieuse; je ne me baignerai qu'après-demain. J'ai fait un voyage assez agréable, et surtout très paisible. J'avais dans mon compartiment deux nouveaux mariés qui faisaient leur voyage de noce, et n'étaient occupés que d'eux ; ils se regardaient, ils étaient heureux... Parlons de la maison [2] ; elle est très gentille.

1. Partie seule le 1er juillet, elle revint le 31 août. Je passai avec elle du 20 juillet au 21 août.

2. Celle de Mme Roussel, de premier bord, rue des Dunes, 55.

Jeudi 4 juillet 1872.

Ami chéri et paresseux, pourquoi ne m'as-tu pas encore écrit ?... J'ai une Normande depuis hier, elle a l'air honnête et je la crois d'assez bon caractère... On est très bien dans notre petite maison... Mes voisins sont vraiment trop aimables, et si je les écoutais, je n'aurais plus un instant à moi... Je me suis baignée deux fois, l'eau est très froide, quoique le temps soit doux ; la mer est d'un calme étonnant.

*Madame Asse à Madame D.*

Samedi 6 juillet 1872.

Je suis installée à Saint-Aubin, mais après bien des tribulations. Mes bagages étaient partis par un autre train... Je suis donc arrivée à Saint-Aubin sans rien, comme on arrive à Saint-Germain ; il est vrai que pour me consoler, et remplacer tout ce qui allait me manquer, la mère Roussel m'a très sérieusement offert un bonnet de coton pour que je n'aie pas froid aux oreilles la nuit. Le temps est admirable et la mer est si belle que, si à l'aide d'une bonne lorgnette vous pouviez l'apercevoir de Paris, vous viendriez tout de suite avec le cher Bébé... J'ai pris trois bains, et j'ai fait hier une horrible pêche d'énormes crabes. On m'a prêté des pinces en bois avec lesquelles on les prend facilement, sans qu'ils puissent pincer... Grand changement dans Saint-Aubin, les rues ont un nom et les maisons un numéro.

*Madame Asse à M. Eugène Asse.*

Samedi 6 juillet 1872.

J'ai ici une femme fort honnête et polie, d'un caractère aimable, complaisante et intelligente ; elle ne sait pas la cuisine, mais elle comprend... Je vis si peu dans la solitude que je n'ai pas un instant à moi : c'est Mme Delaunay, c'est Mme Bouts [1] qui viennent me chercher, enfin *on se m'arrache.* Hier, j'ai été à la pêche avec M. Bouts ; j'ai rapporté une

1. M. et Mme Bouts, nos propriétaires de la rue Mozart, 30.

quarantaine de crabes. Je me suis baignée ce matin avec eux, ils m'apprennent à me remettre sur mes pieds dans l'eau, ce qui m'a été toujours impossible... Voilà déjà six jours de passés...

Jeudi 11 juillet 1872.

... Si je te fais des recommandations, c'est que je désire qu'il ne te manque rien quand tu seras ici. Je me baigne tous les jours avec la famille Bouts : ils sont vraiment très aimables avec moi. Cette bonne M^me^ Delaunay aussi... D'après ce que tu me dis, tu travailles trop ; est-il donc indispensable que tu aies terminé cet ouvrage avant ton départ ? [1]

Vendredi 12 juillet 1872.

Ta dernière lettre me fait le plus grand plaisir ; elle me laisse entrevoir le jour tant désiré où tu seras ici. J'ai beaucoup pensé à toi pendant ces jours de grandes chaleurs. Comme tu devais être mal à Paris ! et moi, j'étais si bien ici. Il pleut aujourd'hui et il tonne ; cela donnera sans doute un peu de fraîcheur. Je me baigne tous les jours, aujourd'hui je prendrai mon onzième bain. Je nage un peu plus courageusement... J'essaye maintenant de me retourner dans l'eau sans mettre les pieds à terre. La petite Bouts nage comme un poisson ; elle va retrouver son père, qui va loin dans la mer, sans s'inquiéter si elle a pied. C'est gentil de voir cette petite fille être si courageuse... Je te quitte pour prendre mon bain.

C'est fait, je suis gelée. La mer était très froide, aussi ma bonne Normande (que nous avons pour deux mois) vient de me dire : « Madame, vous êtes violette, je vais vous chercher un bouillon ». Ce qui prouve que c'est une bonne fille, et qu'il y a le pot-au-feu. Ta lettre est bien gentille...

Saint-Aubin, vendredi 23 août 1872.

Je suis bien heureuse de te savoir arrivé et en bonne santé. Je suis très prudente ; je ne me suis baignée qu'aujourd'hui,

1. Mon édition des *Lettres Portugaises* et de M^lle^ *Aïssé*.

et encore ai-je pris un bain très court, je me porte beaucoup mieux que le jour de ton départ. Je vois beaucoup Germaine et sa maman, qui est vraiment une bonne personne ; Germaine se prend d'une vive amitié pour moi, elle ne veut pas me quitter. Nous avons ensemble de très longues conversations, elle parle comme une petite perruche, ce qui chez elle est un signe de grande considération et d'affection. Je suis bien contente quand je pense que de demain en huit je quitte Saint-Aubin, car depuis que tu es parti je ne m'y amuse pas beaucoup ; il faut dire aussi que le temps est gris et triste. Le jour de ton départ, j'ai fait une promenade avec Mme Tison ; nous avons été à Bernières, et nous avons visité du haut en bas ce fameux petit castel en briques, flanqué d'une tourelle, que l'on vient de construire sur le bord de la mer et que tu lorgnais l'autre jour. C'est une véritable boîte à surprise. Je te raconterai cela, c'est très drôle...

Mardi soir, 27 août 1872.

Cher ami, je suis très contrariée, je crains de ne pas pouvoir partir samedi matin, faute de place dans la voiture. Aujourd'hui mardi j'ai été avec M. et Mme Bouts à Courseulles, et là on m'a offert pour samedi et dimanche des places d'impériale. C'est tout ce qui leur reste... Je viens de chez Duclos ; là on n'a pas voulu m'inscrire, me disant que c'était trop tôt; ils m'ont juré qu'ils n'avaient pas encore une place de retenue, et m'ont dit de revenir jeudi seulement... Je me porte bien. Je mange bien. Je prends mes bains aussi longs que je le veux sans que cela me fasse de mal. J'irai probablement jeudi à Fontaine-Henri avec M. et Mme Bouts ; nous prendrons un âne et une charrette... M. Hauréau[1] a rêvé les vives ; on n'en parle pas dans le pays.

Jeudi 29 août 1872.

Ma place est retenue, payée pour samedi matin, 6 heures trois quarts... Je t'écris avant de partir pour Fontaine-Henri.

1. Le membre de l'Académie des Inscriptions, qui avait souvent séjourné à Saint-Aubin, où il se livrait beaucoup à la pêche. Mort le 29 avril 1896.

J'ai pris un bain ce matin, l'eau était froide, mais la mer d'un calme délicieux...

*Madame Asse à M. Eugène Asse.*

Caen, mardi 1er juillet 1873.

Je suis à Caen, et je t'écris ces quelques mots dans la voiture, en attendant nos bagages. Toutou [1] s'est bien conduit, je n'ai pas eu le plus léger reproche à lui faire... J'avais pour compagnons de voyage des gens très simples, mais très agréables. Jusqu'ici, à part le très gros chagrin de notre séparation, tout s'est bien passé... Il pleut très fort à Caen.

Saint-Aubin, mercredi 2 juillet 1873.

... Gips se conduit assez bien, et il a l'air de se conduire mieux encore qu'il ne fait en réalité, et voici comment; les pierres qui servent de parquet aux maisons de Saint-Aubin sont spongieuses, et boivent à l'instant tous les liquides qu'on répand sur elles; et si Gips ne me regardait pas d'un air piteux, j'ignorerais toujours ses crimes... Toutou s'amuse beaucoup avec les petits crabes qui se promènent sur le rivage. J'ai dîné très confortablement en arrivant. Il ne pleut pas, mais en revanche il fait très froid, et fort peu de gens se baignent; du reste il n'y a pas beaucoup de monde ici jusqu'à présent. J'ai perdu en route la compagne dont tu me parles, et j'ai très bien dormi. La maison est à peu près dans le même état [2]. J'ai vu Mme Falkenberg hier [3], elle était un peu fatiguée, et s'était jetée sur son lit; elle a l'air de se porter assez bien... Je ne pense pas me baigner de sitôt, mon mal de gorge n'étant pas encore passé.

*Madame Eugène Asse à Madame D.*

Jeudi 3 juillet 1873.

Je suis à Saint-Aubin, ma chérie, et je ne m'y amuse pas du tout; j'ai toujours mal à la gorge, ce qui m'oblige à me

1. Notre petit chien Gips, alors âgé de quelques mois.

2. Celle de Mme Roussel, rue des Dunes, 55.

3. Alors en villégiature avec Mme Davelouis chez M. Viennot.

couvrir beaucoup, à prendre une foule de précautions ennuyeuses, et m'empêche de me baigner ; tout cela réuni me fait paraître la mer désagréable et grognon. Si vous étiez venue, je suis sûre que tout ce qui me déplaît et m'ennuie m'aurait paru charmant : vous êtes une méchante.

Je suis à demi satisfaite de la mère R., elle a jugé à propos cette année de retirer une foule d'objets dont j'avais la jouissance l'an dernier ; je les lui fait rendre impitoyablement, il est vrai ; et à chaque réclamation que je lui fait, elle me répond : « Ma bonne dame, je croyais que vous ne vous en serviriez point »... Gips est mon unique consolation, c'est le plus gentil de tous les toutous. Bébé s'amuserait beaucoup à le voir courir après les petits crabes ; il a pourtant été pincé plusieurs fois, ce qui le rend un peu plus sage... Chère amie, je suis furieuse, au moment où je vous disais tant de bien de cette vilaine bête, il commettait pour la première fois une faute qui vient de m'obliger à le fouetter : il a fait p... au lit !!... Saint-Aubin est un désert ; on n'y voit pas encore cette belle collection de Caenais qui en fait le principal ornement, en revanche la brème y pullule, Gips l'adore...

*Madame Asse à M. Eugène Asse.*

Vendredi 4 juillet 1873.

Je t'écris aujourd'hui, parce que j'ai un vif désir de causer avec toi... J'ai toujours aussi mal à la gorge ; j'ai presque envie de faire venir le médecin d'ici pour me cautériser, car je crois que cela seulement me guérira. J'ai été voir Mme Falkenberg deux fois ; la seconde fois j'ai fait la connaissance de Mme Viennot [1], qui a un accent anglais très prononcé et beaucoup des airs de son fils ; M. Viennot est venu me voir hier soir avec Mme Falkenberg ; c'est vraiment un excellent homme. Il avait été à Caen dans la journée, et sachant que j'avais mal à la gorge, il est entré chez un pharmacien qu'il a consulté pour moi ; tout cela sans que je m'en doute, et il

1. Mme veuve Viennot, née Sylvia Shaw. Elle est décédée le 8 mars 1881, à 86 ans.

m'a rapporté un cornet de pastilles de chlorate de potasse, qu'il m'a galamment offert lors de sa visite... Tu comprends que je ne me baignerai pas. Mais ne va pas me croire malade... je mange et dors très bien. Il fait beaucoup de vent ici et pas chaud du tout... Toutou n'est plus sage, mais plus du tout; nous sommes toujours à courir après lui ; il a un appétit dévorant, et mange très bien maintenant de la pâtée sans viande. C'est le seul bien que je puisse dire de lui. Pendant que j'écris, il aboie et cherche à déchirer ma robe, aussi ai-je acheté un fouet hier.

Dimanche matin, 6 juillet 1873.

... Je maintiens ce que j'ai dit, il fait très froid. Il est vrai que par moments M^me^ Falkenberg est accablée et se couche dans la journée, mais c'est l'âge et non la chaleur qu'il faut en accuser... Je dîne chez M. Viennot ce soir. On est venu m'inviter hier soir, je n'ai pas refusé, parce que je ne m'amuse pas beaucoup. Je suis bien aise de passer quelques heures avec des connaissances, de plus, je crois que j'aurais blessé M. Viennot si j'avais refusé. Je vais sans doute faire la connaissance des demoiselles Anderson[1]. Ma gorge va un peu mieux... Si ce mieux continue, dans quelques jours je pourrai me baigner. La patte à Toutou est complètement guérie... Je suis forcée de l'attacher ; sans cela, il se sauve, il court après les chiens, et il faut faire une demi-lieue pour le rattraper... Pendant que je t'écris, Gips me tire par ma robe. Je suppose qu'il me charge de ses respectueuses amitiés pour toi, je te les fais donc en son nom. La plage de Saint-Aubin est horrible cette année ; elle est entièrement couverte de pierres : ce sont les tempêtes de l'hiver qui ont apporté tout cela. J'ai été à la messe de sept heures ce matin, et par un temps affreux. Il pleuvait à torrents ; maintenant, il fait du soleil ; j'espère que la journée sera belle... Regarde souvent ma joubarbe et dis-moi ce qu'elle devient, de quelle couleur sont les fleurs, et si elles sont jolies...

1. M^lles^ Frédérica et Jane Anderson, cousines de M. Viennot, qui habitaient toute l'année Saint-Aubin. M^lle^ Jane survit seule aujourd'hui.

Mercredi 9 juillet 1873.

Je ne tousse pas, mon ami ; je dors, je mange peu ; ce que j'éprouve, c'est une sensation de sécheresse, de mie de pain, comme tu dis... J'ai pris mon premier bain hier, et il ne m'a pas fait de mal. J'ai baigné Toutou aussi, il nage comme un poisson. Le cher Toutou change de robe, tous ses poils tombent ; il se porte bien... J'ai dîné, dimanche, chez M. Viennot, et j'ai vu les fameuses demoiselles Anderson ; elles ont l'air d'excellentes personnes, mais sont Anglaises depuis les pieds jusqu'au bout de la langue. Il y en a une blonde et une brune : la blonde est le pur type anglais... J'étudie M. G., nous avons de longues conversations sur la plage ; je t'assure qu'il cause bien par moments, mais il y en a d'autres où il vous dit des choses surprenantes. Ainsi, hier il m'a assurée que pour aller à Bernières, il connaissait un chemin ombreux. Je lui ai demandé si c'était un souterrain... Toutou te donne la patte ; c'est dans le dessin de la dite patte, qu'il a posée complaisamment sur ce papier, que je te l'écris. Viens le plus tard possible, pour que nous partions ensemble [1].

Vendredi 11 juillet 1873.

Je suis très heureuse de voir s'approcher le jour qui doit t'amener ici... Je t'assure que je ne me déplais pas à Saint-Aubin, à part la tristesse d'être éloignée de toi, et ma santé qui n'est pas bonne. Mon mal de gorge n'est pas plus fort, il a même un peu diminué, mais j'ai pris deux bains de mer très courts qui m'ont donné la fièvre... Aussi ne me baignerai-je plus ; j'ai ici une fille très complaisante et très intelligente. Le temps est d'une douceur délicieuse, ni trop chaud ni trop frais ; que je te plains d'être dans cette fournaise !... Mon ami G. D... est venu me voir hier soir, et il s'est écrié en me touchant la main, et d'un air victorieux : « Vous avez la fièvre, je n'ai pas besoin de vous tâter le pouls pour le savoir ». Il m'a ordonné de l'eau de chiendent ou de l'eau de réglisse, à mon choix. Il m'a fait part de la crainte qu'il a

1. Mes vacances, en effet, ne pouvaient dépasser un mois.

que la châtelaine de Tailleville ne le croie amoureux d'elle, parce qu'il se promène souvent dans son bois, après quoi il est parti... Quant à Gips, je suis très heureuse de l'avoir; c'est un si bon petit chien ! Il commence à comprendre les paroles qu'on lui adresse, et sera très intelligent.

P. S. — Cher maître, je te lèche le nez et les oreilles, ce sont, tu le sais, mes morceaux favoris [1].

Dimanche 13 juillet 1873.

... Cette bonne Mme Falkenberg est venue me voir avant-hier, elle va tout doucement, je crains bien qu'elle ne soit plus jamais aussi alerte qu'avant le siège. C'est une si bonne personne, elle me témoigne beaucoup d'amitié. Tu pourras, en faisant tes adieux à M. et Mme G..., leur dire qu'elle sort tous les jours. Elle m'a priée de te faire ses amitiés... Toutou se porte bien, il est très aimable et très aimant; il fait des passions ici. Je suis à chaque instant accostée par des gens qui le trouvent charmant; hier M. Desruisseaux est venu me parler, tout en s'en excusant beaucoup; il m'a donné le conseil de lui faire prendre un peu de café à l'eau... Hier soir, une dame est venue me prier de lui laisser embrasser Gips, je lui ai mis immédiatement le petit objet dans les bras, et ils se sont mutuellement embrassés. Toutou est pourtant moins joli qu'à mon départ, il a un peu grandi et il perd tous ses poils; en revanche il a une barbe et des moustaches considérables... Je vais mieux, je n'ai presque plus mal à la gorge... Je dois t'avertir que tous les dimanches matin il pleut à Saint-Aubin, c'est un vrai déluge. C'est presque à la nage que je vais à la messe. Tu me préviendras de l'heure de ton arrivée, afin que Rose aille à la voiture prendre ton sac, et moi aussi...

*Madame Eugène Asse à Madame D.*

Saint-Aubin, lundi 14 juillet 1873.

Votre charmante lettre m'a fait le plus grand plaisir, vous êtes la plus aimable de toutes les amies. Vous avez bien fait

1. Ces mots sont écrits dans le contour, tracé au crayon, de la patte du petit Gips.

de ne pas venir avec moi à Saint-Aubin, vous auriez été garde-malade, je suis souffrante depuis mon arrivée... Mais je vais mieux et j'espère être bientôt rétablie. Nous avons ici un temps frais et agréable, excepté les dimanches qui sont toujours fort laids. J'ai reçu une lettre d'Eugène qui m'annonce sa prochaine arrivée... J'espère, ma chérie, que vous n'oubliez pas que vous vous êtes engagée à venir passer les vacances de votre mari à Saint-Aubin. Je vous assure que c'est un bon petit pays ; lorsqu'on y arrive, la première impression n'est pas agréable ; mais au bout de quelques jours on s'y plaît, C'est si commode de se mettre comme on veut ; ainsi, tous les jours je vois une longue demoiselle, mûre, à l'air pudique et souriant, figure en lame de couteau, avec un immense nez rouge, dont le costume est des plus étranges : il se compose d'un jupon collant et court qui permet de contempler de longues jambes et de grands pieds chaussé d'espadrilles, d'un imperméable à moitié boutonné, voltigeant à tous les vents et mettant ainsi à découvert des maigreurs étonnantes ; la coiffure est un chapeau de 40 centimètres, en forme de gouttière, solidement fixé sous un menton pointu par un cordon posé à cheval. Partout ailleurs, la population se rassemblerait, mais ici on n'y fait pas attention ; peut-être n'y a-t-il que moi dans le pays pour qui elle soit un sujet de gaîté, je crois qu'elle occupe le nid des Valras. J'ai donné à Toutou l'amicale petite tape que vous avez bien voulu lui envoyer, et aussi le baiser de Bébé ; il vous en est bien reconnaissant, et vous lèche les mains. Sa conduite est bien meilleure.

*Madame Asse à M. Eugène Asse.*

Mercredi 16 juillet 1873.

Ta drôle de lettre m'a beaucoup amusée ; je ne te savais pas aussi fort sur le dessin ; ta joubarbe à l'air penché est d'une vérité saisissante ; il m'a semblé la voir, et mon cœur de mère en a tressailli de joie. Quant au buste, c'est autre chose ! Je voudrais bien savoir quelle figure ferait la personne dont il porte la signature, en voyant toutes les flèches dont il est entouré... J'ai vu Mme Falkenberg hier, elle était couchée sur son lit, se sentant fatiguée... Toutou te donne la datte...

Vendredi 18 juillet 1873.

J'ai reçu la visite de Mesdemoiselles Anderson, auxquelles j'ai demandé la permission de te présenter; elles en seront enchantées, m'ont-elles dit. Tu vas donc être introduit dans le sanctuaire de toutes les vertus. Ce sont de bonnes et aimables personnes, mais alarmistes en diable. Hier, sur leur demande, je leur ai montré ma langue, et à sa vue elles se sont, de concert, mises à pousser des Ao peu rassurants. Elles ont prétendu que j'avais la fièvre, qu'il fallait que je consulte leur médecin (le médecin d'ici), afin qu'il me débarrasse au plus vite, parce que, selon elles, cela pouvait dégénérer en maladie. Cela m'a effrayée. J'ai donc fait venir ce brave docteur. Il m'a fait une petite ordonnance, m'a dit de ne pas me tourmenter, de me distraire, de reprendre des bains dans deux ou trois jours, de me promener, d'avoir toujours les pieds chauds, et d'éviter le soleil. Du reste, je m'étais soignée toute seule avant de le faire venir, et il a approuvé tout ce que j'avais fait. Je voudrais bien que rien ne vienne mettre obstacle au bonheur que j'espère avoir dimanche[1]; mais s'il en était autrement écris-moi, afin que, ne t'ayant pas, j'aie au moins une lettre. Rose ira toujours à la voiture, et moi aussi, si on m'éveille assez tôt pour cela; car depuis quelques jours je n'ouvre les yeux qu'à 7 heures; ce matin j'ai fait prendre un bain de son à M. Gips; après quoi, il a mangé sa pâtée, et maintenant il dort au soleil : ce chien aime beaucoup à être dorloté...

*Madame Eugène Asse à Madame D.*

Vendredi 1er août 1873.

Ma chère amie, ma vie a été fort accidentée depuis quelque temps, j'ai fait de nouvelles connaissances ici; ce sont les parentes de M. Viennot, ses cousines et sa sœur[2], de bonnes et aimables personnes, mais très anglaises, ce qui ravit

1. Parti le samedi soir, j'arrivai en effet le dimanche 20.

2. Mme Van Masciyk avec son mari.

Eugène. Mme Falkenberg et M. Viennot nous ont quittés hier, ce départ m'a été sensible, car j'aime bien Mme Falkenberg. Cette pauvre femme est très souffrante, son séjour ne lui a fait aucun bien [1].

Nous avons été nous promener dimanche à une lieue en mer, à l'endroit où on pêche le bar ; j'ai eu le mal de mer le plus ridicule ; Eugène, lui, n'a pas été malade. Je suis désolée de ne pas supporter la mer mieux que cela. Nous étions partis avec l'intention de rester quatre ou cinq heures en mer, et mon sot malaise nous a obligés à revenir beaucoup plus tôt.

Mais tout cela n'est rien, en comparaison de ce qui nous est arrivé avant-hier. Le tonnerre est tombé sur notre maison. Nous en avons été quittes pour la peur, mais quelle peur ! Il faut avoir entendu ce coup de tonnerre pour s'en faire une idée. La maison a très peu souffert ; la cheminée de la cuisine a un trou, et le tuyau qui conduit les eaux pluviales est dessoudé et percé en plusieurs endroits. Depuis cet événement, il y a une foule compacte devant notre maison. Je ne vois plus que des bouches ouvertes par l'étonnement, on nous regarde d'un air respectueux. Quant à M. François Mériel, il explique sans se lasser les effets de la foudre, et fait admirer à ses compatriotes tous les trous qu'elle a faits, et cela du matin au soir. Moi, j'ai du tonnerre par-dessus la tête, et de Saint-Aubin aussi...

Saint-Aubin, vendredi 15 août 1873.

Ma chère amie, nous nous ennuyons beaucoup à Saint-Aubin, aussi abrégerons-nous le temps que nous devions y passer et reviendrons-nous à Passy le 23 ou 24 au plus tard [2], et je volerai aussitôt à Sèvres où la plus tendre amitié m'appelle. Je regrette beaucoup de n'avoir pas été à Paris pour le convoi de cette pauvre Céline, auquel j'aurais certainement assisté... Non, chère amie, le coup de tonnerre en question ne vous était pas destiné, vous êtes trop bonne pour

1. Mme Falkenberg, née Adèle-Marie Lucas, fille d'un peintre distingué, veuve d'un ancien soldat de l'Empire, employé supérieur de l'administration des télégraphes, mourut le 11 janvier 1874, âgée de 84 ans.

2. Nous rentrâmes à Paris le 23.

cela. Monsieur Gips se porte on ne peut mieux, il jouit d'un excellent appétit, il a une forte voix qui va faire le désespoir de mes voisins de Paris. Quand vous pensez à lui, ne vous figurez plus ce mignon petit chien dont vous fîtes la gentille connaissance avant mon départ, il est maintenant aussi gros que Tobie ; j'en suis consternée. C'est tout au plus si je pourrai le rapporter dans le panier qui a servi à l'amener ici et dont il occupait à peine le tiers. Mais il est très drôle, il fait le beau de la façon la plus comique, ce qui réjouira Bébé.

En 1874, différentes circonstances nous empêchèrent d'aller passer nos vacances à la mer, et une grave maladie que fit Madame Asse, l'année suivante, et qui la retint au lit du 15 juin au 19 juillet, lui permit le 10 août seulement de se rendre à Saint-Aubin pour y achever sa convalescence et reprendre des forces.

*M. Eugène Asse à Madame D.*

Saint-Aubin, jeudi 12 août 1875.

Chère Madame et amie, nous sommes, Amélie et moi, bien impatients d'avoir des nouvelles de votre cher mari, et quoique nous espérions que vous n'avez aucune espèce d'inquiétude sur son prompt rétablissement, nous serons très heureux d'être confirmés par vous dans cette pensée. Nous ne sommes installés ici que d'hier au soir, étant arrivés fort tard à Saint-Aubin, par suite d'un arrêt que notre train a été forcé de faire pendant une heure pour réparer une de ses roues, et de la lenteur des voitures... Nous sommes enfin en possession d'une petite maison, non pas sur la plage, mais tout à côté de la maison Mériel[1] où nous avons habité ensemble une saison. Ce souvenir est fait pour l'embellir. Il fait ce matin très chaud ; mais déjà le temps se couvre, et nous aurons sans doute un orage ce soir. Amélie s'est trou-

1. Rue des Dunes, 72. Partis ensemble le 10 août, nous revînmes à Paris, moi le 6 septembre et Amélie le 2 octobre.

vée très fatiguée de ce long voyage, ainsi que de son installation. Du reste, sa santé est bonne, et j'espère que bientôt toute trace de fatigue aura disparu.

De la main de Mme Asse :

... Je regrette bien vivement que vous ne soyez pas avec nous, le temps se passerait bien plus agréablement, pour nous s'entend. Eugène m'a demandé trois fois si j'avais fini d'écrire, pour porter la lettre à la poste. Je vous embrasse donc un peu plus tôt que je ne le ferais sans cela... Nous habitons la maison du petit Lucien.

*Madame Eugène Asse à Madame D.*

Saint-Aubin, samedi 21 août 1875.

Comment va votre mari, ma chérie, êtes-vous enfin tranquille à son sujet? Nous l'espérons, et serons très heureux d'en avoir la certitude. Peut-être serez-vous à la campagne quand cette lettre vous parviendra, je le souhaite, car le changement d'air est bien bon; je viens d'en faire l'expérience. Trois ou quatre jours de séjour à Saint-Aubin ont suffi pour me rendre mes forces[1], et me permettre de faire d'assez longues promenades; hier nous avons été jusqu'à l'église de Bernières à pied. Il est vrai qu'aujourd'hui je suis un peu fatiguée; moi, qui croyais ne plus pouvoir marcher! Je suis dans le ravissement de reprendre mes forces si rapidement.

Saint-Aubin est de plus en plus couru, il y a beaucoup de monde, mais on y est toujours très simple... Eugène se baigne avec bonheur, et j'en suis réduite à le regarder de la plage, et à lui faire des gestes désespérés quand je trouve qu'il va trop loin dans la mer... J'embrasse tendrement les deux Béatrix, la plus grande ferait ici de bien belles parties de pêche, et une bien belle pêcheuse; ne lui lisez pas cela.

Lundi 6 septembre 1875.

J'ai le cœur bien gros ce matin, Eugène me quitte à l'instant pour retourner à Paris, et pour me consoler un peu

1. Vingt ans plus tard, au mois de juillet 1895, elle tenta encore cette expérience, et combien, hélas! elle lui fut funeste.

je vous écris... Nous avons ici Mme C.; Mme Duprat[1] devait venir aussi, mais son beau-père étant indisposé, elle a dû remettre son voyage et je ne crois pas qu'elle vienne maintenant. Mme C. n'est pas absolument ravie de la beauté du pays...; je crois qu'elle n'est pas prête à revenir dans ce pays de cocagne, et pourtant elle y a des amis, Émile Z. et sa femme, qui sont des gens fort aimables. Je compte rester encore ici quinze ou vingt jours, je me porte bien maintenant, et j'ai repris toutes mes forces, vous aurez en moi une amie toute neuve. J'ai absolument changé de peau, et j'espère que bientôt aussi j'aurai une chevelure nouvelle, puisqu'il ne me reste plus rien de celle que vous connaissez. Aussi ai-je envie de me faire couper les cheveux aussitôt mon retour.

*Madame Asse à M. Eugène Asse.*

Mercredi 8 septembre 1875.

Ami chéri, je suis bien heureuse de te savoir en bonne santé, moi également je me porte bien, et je suis aussi prudente que tu peux le désirer. Notre jeune amie a pourtant grande envie de faire plusieurs parties, mais elles sont retardées par une écorchure que Mme Z. s'est faite au talon et qui l'empêche de marcher, ce qui en diminuera le nombre. Je crois que tu étais pour elle un vrai trouble-fête, car le jour de ton départ, au déjeuner, elle m'a parlé de cinq ou six endroits où elle voulait aller en voiture, et moi je lui ai répondu que nous aurions bien peu de temps pour faire tout cela, que je craignais de me fatiguer, et que j'espérais qu'elle ne m'en voudrait pas de la laisser aller une ou deux fois seule avec ses amis Z. Il fait ici une chaleur horrible depuis ton départ; elle est si forte aujourd'hui qu'il y aura certainement de l'orage. J'ai reçu une lettre de M. Valfrey qui te priait d'être mercredi matin au journal, ce qui te permettait de rester encore toute la journée de lundi à Saint-

1. Femme de mon ami Henri Duprat de Mézailles, qui à quelques jours de là perdit son père. Veuve le 7 mai 1890, Mme Duprat, née Eugénie de Vaugimois, est décédée elle-même deux ans plus tard.

Aubin... Le beau Gips est très sage et a l'air de s'ennuyer de ton absence.

Dimanche 12 septembre 1875.

... Je voudrais bien que ton édition [1] avance moins et que tu dormes plus, car le manque de sommeil joint à une nourriture qui n'est pas celle que tu as d'habitude, pourrait t'indisposer... Notre jeune amie a le plus vif désir que je parte avec elle le 23, elle me chapitre continuellement à ce sujet; mais je ne ferai que ce que tu me conseilleras de faire. Je crois pourtant qu'il serait sage que je retourne près de toi le plus tôt possible, maintenant que je me porte bien, car je me porte très bien. Tu dois être bien mal tout seul; tu ne le diras pas, mais cela doit être. Il faut aussi penser qu'à la fin du mois, il y aura beaucoup de monde au chemin de fer et à la voiture, ce qui est très désagréable. Dis-moi ce que je dois faire.

M. Viennot a interrompu cette lettre; il est venu nous inviter à dîner; j'ai essayé de ne pas accepter, mais cela a été impossible. Toi-même tu n'aurais pas pu faire autrement. C'est ce soir que nous y dînons, il y aura deux autres dames. Demain lundi aura lieu notre grande partie, si toutefois le temps est beau. Nous aurons une voiture pour la journée, nous irons déjeuner à Courseulles, et de là à Arromanches, et nous reviendrons dîner chez nous. C'est, je crois, la seule partie de ce genre que nous ferons...

Mercredi 15 septembre 1875.

Mon cher ami, notre grande partie est faite, et nous avons eu un temps magnifique et pas trop chaud; nous avons été déjeuner à Courseulles, ainsi que je te l'ai dit; il s'est fait là une véritable débauche d'huîtres; *j'en suis futée* [2]; nous en avons mangé seize douzaines à quatre, et cela sans nous en apercevoir (quoiqu'en les comptant avec soin), parce qu'on les apportait une douzaine à la fois, chacun en prenait trois, et entre chaque douzaine il s'écoulait cinq ou six minutes. Si

1. Celle des *Lettres de Mlle de Lespinasse.*

2. Expression ordinaire des gens du pays.

on les avait apportées par quatre douzaines, nous n'en aurions pas mangé autant; d'ailleurs j'en ai pris moins que tout le monde. Après cette ripaille, nous nous sommes fait conduire à Arromanches, ce qui m'a été beaucoup plus agréable. La route pour y aller est ombreuse et jolie. Ver est un gentil pays, que je préférerais à Saint-Aubin. J'ai vu Asnelles de loin! cela m'a paru très joli aussi; mais Arromanches a des falaises magnifiques, aussi hautes que les tours Notre-Dame. Quand on est en haut, les gens qui sont sur la plage semblent être des mouches; de là, on voit une bien plus grande étendue de mer qu'ici. J'ai acheté la photographie d'Arromanches pour t'en donner une idée, mais elle rend bien pauvrement cette grande chose... Notre jeune vieille amie était dans son élément, son bonheur paraissait sans mélange... Le dîner de M. Viennot ayant été simple et sans aucune cérémonie, il nous sera très facile de le lui rendre ici. J'en ai parlé à notre jeune amie, qui est de mon avis... C'est jour de grande marée aujourd'hui, la mer est admirablement belle, et le ciel est sans aucun nuage. Tu dois avoir bien chaud à Paris. Je préparerai mes malles pour le 23, afin d'être toute prête si tu me rappelais... Toutes nos connaissances de Saint-Aubin t'envoient des souvenirs et des amitiés. Notre amie a du chagrin; Mme Eynaud est fort malade; elle a pleuré ce matin; je la console de mon mieux.

*Madame Eugène Asse à Madame D.*

Vendredi 17 septembre 1875.

... Je mène une vie désordonnée, je dîne en ville, je déjeune à Courseulles, je vais à Arromanches, et pour cela je suis cahotée toute une journée dans une voiture dont les coussins sont si doux que j'en souffre encore au bout de trois jours. Mais notre amie aux douze robes, sans compter les peignoirs, est intrépide et m'entraîne. Elle doit quitter Saint-Aubin plus tôt que moi, et je profiterai de ces derniers jours où je serai seule pour vivre à ma guise, tranquillement. Je suis pourtant très satisfaite d'avoir vu Arromanches; les falaises sont d'une hauteur étonnante ; c'est plus joli que Saint-Aubin. Je n'ai pas aperçu M^me^ Camille Mériel, je ne crois même pas qu'elle habite sa propriété, tout est fermé chez elle. Je n'ai pas vu Lucien non plus. Il doit faire très chaud à Paris, car ici, où il fait toujours frais, on étouffe ; nous sommes dans une grande marée, c'est magnifique. La mer est toute bleue, avec de belles vagues blanches ; avant-hier soir, elle est venue nous trouver dans une cabine où nous étions assises, et nous a fait prendre malgré nous un bain de pieds après notre dîner. Mon pauvre Eugène doit bien s'ennuyer tout seul chez lui, et je suis très heureuse de penser qu'il va de temps à autre passer quelques bonnes heures avec vous et son ami.

*Madame Asse à M. Eugène Asse.*

Dimanche 19 septembre 1875.

Avant tout je te dis que je me porte parfaitement bien, que je suis très forte et que j'ai un appétit superbe... Nous avons été à Luc visiter une très belle propriété, dans laquelle il y a une serre remplie de charmantes fleurs. Cette promenade m'a fait le plus grand plaisir. Cet excellent M. Viennot est indisposé, il a fait une imprudence ; avant-hier il est venu nous chercher, M^me^ C. et moi, pour aller faire des visites à Bernières. Quand il est rentré chez lui, il avait très chaud, il a eu la mauvaise idée de se mettre au frais dans son jardin ; heureusement, il en sera quitte pour un jour ou deux de repos. M^me^ Eynaud est morte, et le chagrin de son amie se traduit par un besoin de locomotion que je ne partage pas. Ainsi aujourd'hui, par une chaleur horrible, elle va à Caen... Elle m'a demandé si je voulais venir, mais j'ai refusé, prétextant une fatigue, que je ne ressens pas, et une chaleur que je ressens trop. Comme tu dois avoir chaud à Paris ! Je suis bien heureuse que M^me^ Gerbod soit aussi aimable pour toi ; voudrais-tu lui en témoigner toute ma reconnaissance ?

Le petit Robin, le petit Gips, est toujours aimable et affectueux, et quand je lui dis : « *Où est le maître ?* », il cherche partout. Notre amie le déteste ; elle m'a dit hier : « Je ne comprends pas que vous puissiez le laisser aboyer de la sorte, à votre place je le fouetterais. » — Et je lui ai répondu en riant, « que si elle voulait se charger de l'attraper, je lui donnerais la correction demandée ».

La mer est admirablement belle ; j'en profite plus que les autres années, car je vis sur la plage. Nous y restons jusqu'à dix heures du soir, au grand désespoir de Léontine[1], qui trouve qu'elle se couche trop tard. Il n'y a plus autant de monde à Saint-Aubin... Continue à te bien porter ; l'idée que tu es en bonne santé peut seule me rendre notre éloignement supportable, et me permettre de trouver du plaisir à être à Saint-Aubin sans toi.

Mercredi 22 septembre 1875.

... C'est demain jeudi que divine Aspasie retourne à Paris ; tu pourras donc avoir de moi des nouvelles toutes fraîches en y allant vendredi. Je crois que je partirai le 20, parce qu'il y a encore beaucoup de monde ici, et que le 30 on aura de la peine à avoir des places dans la voiture... Notre beau temps se gâte un peu. Il pleut depuis le matin, mais il fait très doux. J'ai eu une peur terrible ce matin, notre petit chien se croyant sans doute au rez-de-chaussée, a sauté sur la fenêtre de ma chambre, et de là dans la cour. Je l'ai cru tué, mais il n'en était rien ; il s'est relevé de suite, en criant un peu et en tenant une de ses pattes en l'air pendant quelques secondes, après quoi il a marché comme si de rien n'était. J'espère donc qu'il s'est fait juste assez de mal pour ne pas avoir envie de recommencer. Il est très gentil, très caressant, et t'envoie ses plus tendres coups de langue.

J'ai dîné chez M. et Mme Émile Z. lundi ; Mme C. voulant faire une visite d'adieu à M. Viennot, j'irai avec elle aujourd'hui...

Samedi 25 septembre 1875.

Ami chéri, ma santé est parfaite... Je ne bois pas de lait si ce n'est dans mon chocolat, et bouilli... Je ne mange pas du tout de fruits[2] depuis que je suis seule, et je passe mes

1. Notre cuisinière.

2. A ce moment, on parlait beaucoup de cholérine.

journées à bénir ma solitude... Nous avons été à Courseulles, et nous en sommes revenus à pieds, sans que je sois le moins du monde fatiguée, ce qui te prouve que je suis forte... Hier, M. Viennot est venu me prendre pour aller faire une visite à Bernières, et demain dimanche il déjeune chez moi avec M. Davelouis, parce que sa bonne part le matin pour Saint-Lô, sa patrie ; et lui-même avec son ami part dans l'après-midi. Ils vont à Bayeux passer quelques jours chez M. Drouyn de Lhuys, son ancien ministre, et ils ne savaient où prendre ce matinal repas ; tu comprends que je me suis empressée de les inviter... Tu te portes bien, moi aussi, le temps est fort joli, pas trop chaud, j'ai donc envie, puisque tu le permets, de rester ici jusqu'au 2 ou 3, j'aurai le plaisir de voir une grande marée...

Mardi soir, 28 septembre 1875.

Cher ami, c'est décidé, je pars samedi, le 2 ; je retiendrai ma place demain. Notre beau temps est tout-à-fait gâté, il pleut à torrents depuis ce matin ; pour t'en donner une idée, sache que j'ai rempli tous les vases de la maison avec les gouttes qui tombaient du toit au haut de notre escalier, à seule fin d'avoir de bonne eau pour me débarbouiller, et dans laquelle le savon consente à mousser. Quoique le temps fût fort laid, j'ai été chez Guillemette chercher le poulet qui doit contribuer à nous restaurer le soir de notre arrivée... J'ai reçu ce matin, avec ta lettre chérie, une bonne petite lettre de ma petite Béatrix ; tout cela me fait le plus grand plaisir. Je n'ai pas reçu la moindre nouvelle de notre amie... Mon déjeuner de dimanche s'est très bien passé, mes convives avaient un excellent appétit, et par un heureux hasard tout était bon... Je compte donc te trouver samedi à 5 h. ou 5 h. et demie à la gare. Je prendrai l'express... Je me porte très bien et je suis très forte. Mes cheveux tombent toujours.

*Madame Eugène Asse à Madame D.*

Saint-Aubin, jeudi 30 juin 1876.

Je suis ou plutôt nous sommes à Saint-Aubin [1] ; nous avons

1. Nous étions partis de Paris le 28 juin, et nous y rentrâmes : moi, le 22 juillet ; Amélie, le 1er août.

voyagé la nuit pour éviter la chaleur et avoir le temps de chercher une maison, que nous avons trouvée ; c'est la même que l'an dernier, elle est très gentille et l'on y est très bien chez soi... Nous avons ici un beau temps et une fraîcheur délicieuse. J'ai loué pour un mois seulement. Je pense donc être à Paris le 1er août, nous reviendrons juste pour la canicule ; une seule chose me console, c'est de cuire avec vous... Je suis excessivement fatiguée de cette nuit sans sommeil que je viens de passer ; depuis ma maladie, je ne suis plus forte du tout.

Saint-Aubin, lundi 10 juillet 1876.

Ma chérie, êtes-vous malade, ou bien n'avez-vous pas reçu la lettre que je vous ai écrite le 1er de ce mois ?... Je ne sais que penser, ne recevant aucune réponse... Tous les matins je vais à la rencontre du facteur dans l'espoir d'avoir une lettre de vous, et tous les matins le brave homme prend la figure la plus longue pour me dire : « Toujours rien, Madame, ça sera peut-être pour demain... » Nous avons loué une cabine sur le bord de la mer et nous passons là toutes nos journées. Je fais de la tapisserie avec fureur, je ne me promène pas du tout ; en un mot, je ne m'amuse qu'à moitié. Le chemin de fer de Saint-Aubin fonctionne depuis deux jours. Nous pourrons aller à Caen facilement et faire connaissance avec cette ville, que nous traversons tous les ans sans la voir...

*Madame Asse à M. Eugène Asse.*

Saint-Aubin, mardi 25 juillet 1876.

Cher ami, je suis très heureuse de ta lettre et des bonnes nouvelles qu'elle me donne de ton voyage ; tu me dis de ne revenir que le 1er août, je crois aussi que le 31 serait un mauvais jour pour me mettre en route... Le jour de ton départ nous avons eu une mer phosphorescente, c'est entre dix et dix heures et demie que ce phénomène se produit ; tu es donc condamné à ne jamais jouir de ce beau spectacle, toi qui t'endors à neuf heures. Tout comme moi, tu connais la puce de mer, qui porte aussi le joli nom de cochonnet, eh bien ! toutes ces petites bêtes étaient lumineuses comme le sont nos vers luisants, et même beaucoup plus, car le ver luisant n'a de brillant qu'un petit endroit de sa personne, tandis que la puce est entièrement lumineuse. C'est à ce point, que notre voisine a pu à l'aide de deux de ces insectes s'éclairer pour ouvrir et refermer sa porte.

Nous avons eu ce soir-là une belle peur ; à dix heures et demie, pendant que nous admirions la mer, un long mendiant, à barbe noire, et armé d'un gros bâton, est venu nous demander l'aumône ; je te laisse à penser avec quelle rapidité nous avons fui. Pour nous effrayer davantage, le vilain homme se mit à pousser des cris que nous entendions encore étant chez nous. Je me suis bien promis de ne plus rester aussi tard au bord de la mer... La journée d'hier a été toute grise, avec beaucoup de vent, quelques gouttes d'eau, et une superbe mer. Je me suis baignée à marée descendante, car sans cela j'aurais été renversée par les vagues ; le ciel est du plus beau bleu ce matin. Quand tu verras Mme Gerbod, fais-lui toutes mes amitiés ainsi qu'à M. Gerbod. Tu iras sans doute demain chez mon amie Béatrix. Si c'était faisable, je te dirais de l'embrasser pour moi, mais puisque cela ne se fait pas, contente-toi de lui dire que je l'aime bien, et d'embrasser l'enfant de ma part...

Saint-Aubin, samedi 29 juillet 1876.

Mon ami, je partirai décidément le 1er août... Je me baigne toujours, hier j'ai fait des planches superbes ; je vois souvent, presque tous les jours, Mlles Frédérica et Jenny ; elles sont vraiment très aimables et me plaisent beaucoup. M. Viennot a mal compris, sa maison n'est pas louée. Gips se porte bien, je le tiens et le tiendrai jusqu'à mardi toujours à l'attache, parce qu'un gros chien a passé hier, toujours courant, sur la plage, et a mordu deux chiens. Je n'étais pas là, c'est Mme Farabeuf[1] qui m'a dit cela, elle prétend même que ce chien avait le nez ensanglanté, il avait sans doute été mordu lui-même ; je veille donc sur Toutou avec le plus grand soin. La

1. Femme du docteur et professeur de ce nom.

famille Bouts est ici depuis hier, j'ai été très étonnée de les voir sur la plage... J'ai reçu de Bébé une charmante petite lettre à laquelle j'ai répondu. Elle a eu la douleur de perdre un petit chat auquel elle donnait des soins tout maternels. Je lui ai envoyé mes compliments de condoléance.

*Madame Asse à M. Eugène Asse.*

Saint-Aubin, mercredi 27 juin 1877.

Je suis arrivée à Saint-Aubin après un bon voyage[1], et très exactement ; car nous arrivions à Caen à 2 h. 19 minutes ; j'ai été terriblement ballottée ; à part çà, tout s'est bien passé. J'étais dans le compartiment des dames, avec deux dames et une petite fille. Nous avons fait très bon ménage ; Toutou a été choyé, caressé et très raisonnable.

J'ai comme d'ordinaire trouvé la maison très sale, et il y manquait quantité de choses que je suis en train de me faire rendre par la maigre Marie Grenadier. J'ai très bien dormi, et déjeuné ce matin avec un appétit féroce. Mais hier, en arrivant, je n'ai pas eu de chance ; je faisais avec ma bonne les provisions pour notre dîner, quand au coin d'une rue je me suis trouvée nez à nez avec M. D... Il m'a demandé si j'habitais toujours la même maison ; il a bien fallu dire oui, et je suis partie, m'excusant de le quitter si vite, car il avait bonne envie de causer. Mais dix minutes après, il venait me chercher pour dîner. Tu comprends, mon chéri, que je n'ai pas accepté ; j'étais trop fatiguée. Il a beaucoup insisté, mais j'ai été inébranlable. Ces Messieurs traitaient Mesdemoiselles Anderson ; il y avait aussi une troisième sœur, qui est récemment arrivée d'Angleterre, et dont je ferai probablement la connaissance. M. Viennot part le 30... Il fait très chaud ici, cela doit être horrible à Paris... Toutou se porte bien, moi aussi quoique je sois encore un peu fatiguée.

1. Amélie était partie de Paris le 26 juin. Effrayée par une indisposition subite dont je fus atteint le 4 juillet, elle était de retour le 7. Le 11, nous repartîmes tous deux pour Saint-Aubin, d'où nous revînmes le 30 juillet.

Saint-Aubin, vendredi 29 juin 1877.

Ta bonne et aimable lettre m'a rendue bien heureuse... Il fait très chaud ici, aujourd'hui surtout ; mais c'est une chaleur supportable. J'ai loué une cabine le jour de mon arrivée, et c'est dans ladite cabine que j'écris cette lettre ; elle est neuve (la cabine) et beaucoup mieux que celle de l'année dernière... J'ai dîné chez M. Viennot hier, avec M. le curé et une charmante jeune fille, qui a été confiée par son père à M. Viennot, et qui habite chez lui. Cette personne est la fille d'un ami de collège de M. Viennot. Il m'a été impossible de refuser, M. Viennot étant venu lui-même m'inviter, et avec une insistance si gracieuse que ne pas accepter eût été impoli. Après le dîner, nous avons été passer la fin de la soirée chez Mesdemoiselles Anderson, auxquelles j'avais fait une visite dans la journée. J'ai fait la connaissance de la troisième sœur, qui est aussi aimable que les deux autres.

Je me porte bien, la fatigue du voyage et de ses préparatifs a fait place à ce délicieux bien-être qu'on éprouve ici ; la mer est admirablement belle et paisible. Je ne me suis pas encore baignée, mais je commencerai bientôt, peut-être dimanche. Tu as parfaitement bien fait de faire la démarche en question ; je voudrais bien que cela réussît ; mais surtout ne retarde pas ton arrivée ici... Notre bonne commence à s'acclimater, mais le premier jour a été lamentable, elle a pleuré comme une Madeleine... Toutou est toujours le plus gentil des chiens. La troisième sœur m'a appris qu'en Angleterre il existe un savon pour les chiens, qui a la propriété de guérir leurs démangeaisons... M. Viennot part demain pour Paris, je lui ferai aujourd'hui ma dernière visite.

Saint-Aubin, lundi 2 juillet 1877.

J'ai déjà pris deux bains, et je vais prendre le troisième tout à l'heure ; Toutou a pris son premier bain hier. Ce pauvre petit chien en a bien besoin, car son dos est tout déchiré par ses dents : il se dévore... Je me demande comme toi, pourquoi ce changement de ministère et n'en suis pas très contente ; mais que devient l'*homme divin* dans tout cela ? Ce serait le temps de se montrer... Je viens de prendre mon bain ; cela m'a demandé un peu plus de temps que je ne le pensais, et peut-être cette lettre ne pourra-t-elle pas partir aujourd'hui... La mer est délicieuse, Toutou a l'air tout gaillard, et ses douleurs ont absolument disparu.

Saint-Aubin, mercredi 4 juillet 1877.

Voilà une demi-heure que cette lettre devrait être commencée, j'ai le plus vif désir de l'écrire, mais je suis dans la cabine, le temps est magnifique, la mer me berce doucement, et j'ai été tout à l'heure prise de cet irrésistible sommeil, auquel tu as cédé plus d'une fois l'été dernier. Mais je l'ai chassé ; c'est fini, et je suis tout à toi.

Je me reproche vraiment cette bienheureuse existence, si calme, quand je pense à celle que tu as à Paris, dans cette fournaise, sans soins, et avec une nourriture de hasard, tantôt bonne, tantôt mauvaise, et qui, j'en suis sûre, ne ressemble en rien à celle à laquelle tu es habitué. Abrège autant que tu le pourras ton séjour solitaire à Paris... Tu apprendras sans doute avec plaisir que j'ai rencontré Mme Jouvellier, une petite femme frêle et brune, qui, lorsque nous étions chez la mère Roussel, habitait la maison après la nôtre sur le bord de la mer ; son mari, un commerçant, est même venu nous faire ses adieux. Donc, j'ai rencontré cette dame, nous avons renoué connaissance, elle est venue hier passer l'après-midi avec moi, et moi j'irai la voir aussi. Cela me fera une promenade, car elle habite Langrune ; elle est très gentille et je suis contente de la voir ; cela ne m'empêchera pas de cultiver nos connaissances anglaises, qui sont de très bonnes personnes.

Les bains de mer sont très favorables à Toutou ; il n'est plus du tout question pour lui de rhumatismes ; nous nous promenons très tard au bord de la mer, et il est aussi bien le soir que le jour au soleil... Je n'ai encore copié que deux lettres de Mme du Châtelet[1] ; il est vrai que ce sont les plus longues, et qu'elles font 14 pages de mon écriture ; mais

1. Dont je fis paraître une édition en 1878.

enfin tu vois que je ne me suis pas fatiguée à cela. Quoique je te parle beaucoup de ton arrivée ici, je n'espère pas qu'elle ait lieu aussi vite que je le désire, mais cela me fait plaisir d'en parler... J'ai déjà pris trois bains, je vais prendre le quatrième tout à l'heure [1].

*Madame Eugène Asse à Madame D.*
Saint-Aubin, mercredi 10 juillet 1878.

Nous voici de nouveau à Saint-Aubin[2] après un voyage de douze heures ! Mais cette fois aussi mal installés que possible. Nous sommes assez loin de la mer ; mais ceci m'est égal, puisque j'ai une cabine et que la vue de la campagne me plaît ; notre maison est grande, elle appartient à une vieille femme[3] assez pauvre, mais en revanche et comme tous les gens d'ici, très paresseuse. Nous avons donc trouvé tout cela très malpropre ; nous avons aussi, comme c'est notre devoir, nettoyé... Pour comble de bonheur, nous avons pour voisines des laveuses, qui, trois jours par semaine, transforment le quartier et même ma cour en une horrible mare ; il faut pour sortir de chez soi faire des sauts périlleux, et si l'on manque d'adresse, on court le risque de retomber dans un trou rempli d'une horrible eau de savon. Enfin je me console, en me disant que dans quinze jours je reprendrai le train qui me ramènera près de mes chers amis dans mon bon petit Passy[4].

En 1881, des considérations de santé nous engagèrent à aller respirer l'air plus calmant des montagnes.

1. L'indisposition dont, au moment même où cette lettre me parvenait, j'étais pris, et qui rappela Amélie à Paris, eut pour effet de lui inspirer la résolution de ne plus désormais se séparer de moi pendant les vacances. A l'avenir, nous partîmes et revînmes toujours ensemble, en sorte que nous n'eûmes plus l'occasion de nous écrire, et que les seules lettres qui existent d'elle à partir de cette époque sont adressées à des amies.

2. Cette année nous séjournâmes à Saint-Aubin du 4 au 30 juillet.

3. Rue Héloin, 4.

4. Nous allâmes encore deux autres années à Saint-Aubin, du 31 juin au 31 juillet 1879, et du 29 juin au 31 juillet 1880, mais je n'ai retrouvé aucune lettre de cette époque.

Pendant deux années de suite, aux vacances de 1881 et de 1882, notre choix se porta sur la pittoresque station des Trois-Épis, dans les Vosges, au-dessus de Colmar[1]. Rien de plus beau que la vue qu'on découvre de cette hauteur sur toute la vallée de Munster, et d'un autre sommet voisin, le Gals, sur toute la plaine d'Alsace depuis Mulhouse jusqu'à Strasbourg. Ce spectacle fit sur Amélie une très vive impression : pleine de santé, d'ardeur, elle se livrait à de longues excursions dans les magnifiques forêts qui entourent les Trois-Épis, à la Baroche, au Honack, au Ravenstein, perdu au fond d'un ravin entouré de sapins séculaires. Cette promenade au Ravenstein, nous la fîmes plusieurs fois le soir au clair de lune. C'était à la fois sinistre et charmant.

La première fois que nous visitâmes les Trois-Épis, nous nous y étions rendus directement par Mulhouse, Colmar, Turckheim, et la route en lacets qu'une voiture un peu primitive gravit péniblement en une heure. Jusqu'à Bollwiller nous avions eu pour compagnon de route M. Guillaume Guizot, qui se rendait à Guebwiller, et cette rencontre fut un des bons souvenirs de notre voyage. En 1882 nous variâmes notre itinéraire, en prenant par Nancy, Épinal et Gérardmer, où nous comptions faire une halte prolongée. Mais le panorama grandiose des Trois-Épis nous avait gâtés, le petit lac de Gérardmer nous plût médiocrement. Logés à l'Hôtel de la Poste, nous étions, dès l'aurore, assourdis par les clairons d'un régi-

1. Du 29 juin au 30 juillet 1881, et du 30 juin au 29 juillet 1882, quittant Gérardmer le 4 juillet. A ces deux voyages se rattache le souvenir de MM. Kugler, avocat à Colmar, Aug. Stœber, bibliothécaire à Mulhouse, poète distingué, morts le premier, le 21 août 1882, le second, le 19 mars 1884, et Heimbsch, que nous connûmes aux Trois-Épis.

ment qui manœuvrait dans le pays ; ma santé était alors assez mauvaise et j'avais grand besoin de repos. Tout cela nous fit abréger notre séjour, et trois jours après notre arrivée nous partions pour les Trois-Épis, par le col de la Schlucht et la délicieuse vallée de Munster. Nous fûmes dédommagés du long trajet de voiture qu'il faut subir par les beautés riantes ou sévères d'une route qui serpente à travers les bois et côtoie les lacs de Longemer et de Retournemer. Le col de la Schlucht n'avait alors qu'une habitation, le Chalet Hartmann, construit autrefois par le grand manufacturier de ce nom, et qui servait de restaurant. Nous y déjeunâmes fort bien. La fatigue m'empêcha de gravir la cime voisine du Honeck, d'où l'on découvre, d'un côté tout le cours du Rhin de Bâle à Spire, de l'autre les bois que dominent les Ballons d'Alsace et de Guebwiller.

Amélie, plus courageuse, fit cette ascension et en revint ravie. La descente par la route en zigzag qui conduit au travers de bois superbes à la petite ville de Munster, fut un enchantement. De là nous gagnâmes Turckheim en chemin de fer, et les Trois-Épis en voiture. Amélie, heureuse de ces changements de scènes, jouissant d'une santé excellente, s'abandonnait à ses surprises, à ses joies, à ses admirations. S'il est sur la terre un bonheur parfait, ce fut certainement le nôtre.

Les deux lettres suivantes sont les seules que j'aie retrouvées sur ce séjour dans les Vosges :

*Madame Eugène Asse à Madame D.*

Les Trois-Épis, Alsace, 8 juillet 1881.

Nous sommes dans les Vosges, ma chère amie, et l'Hôtel des *Trois-Épis,* que nous habitons, est construit tout au haut de la montagne. Nous vivons dans la forêt de sapins et de chênes qui nous entoure, c'est un séjour délicieux. Si la table était aussi bonne que la vue est belle, tout serait pour le mieux, car en vous écrivant je peux contempler Colmar et bien d'autres pays, et la Forêt-Noire ; je ne parle pas des Vosges que nous voyons jusqu'au Ballon d'Alsace inclusivement. Mais la table laisse quelque peu à désirer. A midi et demie, nous avons, il est vrai, un festin de Balthazar, composé de je ne sais combien de plats où le vinaigre domine, et on peut choisir ce qui plaît le mieux ; mais le soir il n'y a pas de choix possible, ou plutôt on peut choisir entre la diète et les deux plats peu tentants qui composent seuls le souper.

Nous nous rattrapons sur les promenades. Nous en faisons chaque jour de charmantes ; il y a de très belles fleurs dans la forêt, on y voit à chaque pas des digitales et toutes sortes d'autres fleurs, dont je ne sais pas le nom, mais que je respecte dans la crainte qu'elles ne soient aussi des empoisonneuses...[1]

Passy, mercredi 3 août 1881.

Nous voici de retour à Paris depuis le 30, je suis très satisfaite de notre séjour dans les Vosges ; il nous a été, je crois, très salutaire. Nous avons, en revenant, passé un jour à Strasbourg ; nous avons visité la cathédrale de haut en bas, nous avons entendu sonner la fameuse horloge et vu tous les bonshommes d'apôtres se promener ; nous avons aussi été voir le Rhin, enfin un tas de folies... Ne me punissez pas, en tardant à m'écrire, de ce que je ne vous ai pas écrit plus tôt. Si vous saviez comme le temps passait vite aux Trois-Épis, vous me pardonneriez. Aussitôt levée, je m'habillais, et pendant ma toilette l'impatient Eugène venait deux ou trois fois voir si j'étais prête, me disant que des dames, très aimables du reste, avec lesquelles nous faisions chaque jour d'immenses promenades, m'attendaient déjà. On rentrait pour le déjeuner, qui durait deux petites heures ; après quoi, on repartait pour

1. Particulièrement derrière l'hôtel, vers le Ravenstein et Niedermorschwihr

une nouvelle ascension qui durait jusqu'à l'heure du dîner : après ce dîner on se promenait encore, puis on montait faire un long somme, qui durait jusqu'au lendemain.

La mer eut dès lors auprès d'elle une rivale puissante : la montagne. Une saison que je fus obligé de faire en 1884 au Mont-Dore, pour une extinction de voix persistante, et où elle m'accompagna, lui laissa de moins agréables souvenirs : le Plat-à-Barbe lui parut médiocre à côté des forêts profondes des Vosges, et surtout des spectacles grandioses du Rigi, où s'étaient écoulées ses vacances de l'année précédente.

Voici deux lettres qui se réfèrent à ce mois passé en Auvergne, du 3 au 27 juillet.

*Madame Eugène Asse à Madame D.*

Mont-Dore, Puy-de-Dôme, Hôtel Boyer-Parisien,
dimanche 6 juillet 1884.

Avant de prendre nos vacances, nous avons été consulter le Docteur Guyot ; il a ordonné à Eugène les eaux du Mont-Dore, et nous y sommes. Je m'y ennuie profondément ; j'ai pris l'habitude et le goût des hauteurs, et ici nous sommes au fond d'un entonnoir, et un entonnoir pas propre. Il y a pourtant le gaz partout, mais les Auvergnats sont si sales et si désagréables, qu'on ne peut guère se plaire dans leur pays, malgré le gaz, qui ne me sert à rien, puisque je suis dans mon lit à 8 heures, Eugène étant obligé de se lever à 4 heures trois quarts tous les matins pour ses eaux, et moi aussi par conséquent. Mais Eugène revient à 6 heures et demie se coucher dans un lit bien bassiné, et il y reste jusqu'à 9 heures ; moi, je ne me recouche pas, parce que c'est mon bon plaisir d'agir ainsi, mais les journées sont d'un long au fond de ce vase ! Enfin, si mon cher Eugène retrouve la voix et avec cela la tranquillité, j'adorerai le Mont-Dore.

Si encore je pouvais monter sur les montagnes qui nous entourent, mais toutes les personnes avec lesquelles je sors sont essoufflées au bout de cinq minutes de marche, et il faut s'asseoir sur la première pierre venue ; car ici on n'est pas hospitalier ; il n'y a pas un banc sur les routes, et si, lassé, on se laisse tomber sur un banc de pierre, comme il y en a devant quelques maisons, l'Auvergnat qui l'habite en sort et tend sa patte, pas blanche, dans laquelle il vous invite à déposer quatre ou dix sous, cela dépend de sa rapacité. Si on demande un verre de lait de chèvre, sans avoir fait son prix d'avance, ils ont l'effronterie d'en demander trois francs. Tout cela ne m'est pas arrivé, parce que j'ai été prévenue par des gens étrillés... Eugène ne parle toujours pas, il est fort triste et moi aussi...

Mont-Dore, jeudi 17 juillet 1884.

Ma bonne amie, je vous écris d'un petit belvédère, qui est construit sur la montagne, à mi-côte du *Salon des Capucins*. Si M^me^ de S... est venue au Mont-Dore, elle a dû vous écrire aussi d'ici ; on y est assez bien, il y a des fauteuils rustiques, des tables et en cas de pluie on est à l'abri. Mon mari va un peu mieux, mais il ne parle pas encore, le médecin lui a dit hier que la voix reviendrait, mais pas tout de suite, l'effet du traitement ne se produisant qu'après.

Je ne m'amuse toujours pas ici, et Eugène s'y ennuie profondément ; aussi est-il probable que nous reviendrons à Paris quatre ou cinq jours avant la fin du mois, et alors j'irai vous voir. J'ai fait hier une promenade à âne [1], nous avons passé par des sentiers à pic, mon âne faisait presque le beau ; j'étais, je vous assure, dans une triste situation. Enfin tout s'est bien passé ; je ne suis pas tombée, ce qui est presque un miracle, mais j'ai poussé des cris de paon, et j'ai beaucoup ri... Je crois que M^me^ Guyot n'est pas ici, et y serait-elle, je l'ignorerais, ne la connaissant pas.

1. A la cascade du Plat-à-Barbe.

## VII

Ce fut en 1883 la première fois que nous allâmes, Amélie et moi, nous établir pour une saison au bord du lac des Quatre-Cantons, à Beckenried d'abord, puis au Rigi, à la station du Kaltbad [1].

Tel fut son enchantement à ces magnifiques scènes d'un pays vraiment merveilleux, qu'elle ne put désormais se passer de les revoir. Quand arrivait l'été, elle était prise comme d'une nostalgie des montagnes ; c'est ainsi que pendant douze années nous retournâmes au Rigi.

Les extraits suivants de ses lettres peignent bien ses impressions, mélange d'enthousiasme et d'impatience, de joie et de tristesse, sur ces hauteurs où les journées les plus sombres et les plus froides succèdent souvent aux plus rayonnantes et aux plus douces :

*Madame Eugène Asse à Madame D.*

Rigi-Kaltbad, Hôtel Bellevue, mercredi 15 juillet 1885.

Ma chère amie, nous sommes au Rigi-Kaltbad [2], et le bon air qu'on respire ici m'a complètement rétablie. Le voyage

1. Partis le 29 juin, au soir, pour Lucerne et Beckenried, le 10 juillet nous quittâmes celui-ci pour le Kaltbad. De retour à Paris le 31 juillet au soir.

2. Départ de Paris le mardi 7 juillet. Retour le samedi 8 août.

avait fatigué Eugène, et en arrivant il n'avait plus de voix du tout, et était absolument découragé ; je lui ait fait suivre de nouveau son traitement homéopathique, et cela a très bien réussi. Nous avons eu deux jours d'orage, de pluie et de brouillard, mais maintenant il fait beau, ce qui nous permet de nous promener et d'admirer ce splendide pays, où il fait frais par le plus beau soleil, mais très froid dès qu'il est couché... Nous resterons probablement ici jusqu'au 7 ou 8 août, devant être de retour à Paris à cause du Journal le 10. Je crois bien que nous n'irons pas ailleurs. Quand nous partons, nous avons l'intention de voir une foule de belles choses, et une fois installés, nous ne bougeons plus. Nous sommes décidément très vieux. Il est vrai que nous avons sous les yeux d'admirables tableaux et que nous ne pouvons rien voir de plus beau ; ce serait donc pour le plaisir de changer de place, ce que nous détestons...

Rigi-Kaltbad, lundi 27 juillet 1885.

Chère amie, je reçois à l'instant votre bonne petite lettre et j'y réponds de suite, car je ne peux rien faire de plus agréable... Je viens de passer une journée entière dans mon lit avec une fièvre de cheval, et un gros mal de gorge, que j'ai gagné en allant admirer un coucher de soleil au Kænzli, qui se trouve au bout du parc du Kaltbad, et d'où l'on a une vue merveilleuse, mais où l'on est abominablement éventé le soir; ce qui est fort dangereux quand, ainsi que j'ai eu la sottise de le faire, on ne prend pas ses précautions contre le froid. Eugène était furieux, et il n'avait pas tort. Enfin, je vais mieux.

Nous avons depuis huit jours un temps superbe, et nous pouvons presque toute la journée contempler les Alpes Bernoises, ce qui n'arrive pas tous les jours, quoique nous en soyons assez près, mais la brume les cache souvent. Je suis très contente d'apprendre la prochaine arrivée de vos chers enfants. Nous pensons quitter le Rigi le 6 ou le 7 août, devant être rentrés le 10. Comme cela passe vite un mois! On serait si heureux de pouvoir rester ici plus longtemps... Mme de Biancour est en route pour Chicago, elle n'aura pas froid...

Rigi-Kaltbad, jeudi 22 juillet 1886.

Ma chère amie, nous voici de nouveau au Rigi [1], et depuis notre arrivée nous avons un temps superbe; on nous annonce, il est vrai, de l'orage pour cette nuit; cela rafraîchira la température qui est très élevée, on cuit littéralement au soleil. Je voudrais bien que vous soyez ici avec nous; c'est un si beau spectacle, celui de ces montagnes! et je voudrais que tous ceux que j'aime l'admirassent avec moi. Mais j'oublie que vous ne voulez plus voir que l'Italie, qui contient vos plus chères affections. Si je ne me trompe, le petit Lorenzo [2] en est à sa quatrième nourrice, sans compter sa maman. Cela me paraît considérable. Ne vaudrait-il pas mieux lui donner une belle chèvre, dont le lait pur ferait du joli petit Lorenzo le plus vif et le plus turbulent des enfants?

Rigi-Kaltbad, mercredi 4 août 1886.

Ne nous enviez pas, ma chère amie, car s'il pleut à Bellevue, c'est un déluge ici; et si vous avez froid, nous gelons dans notre nuage perpétuel; les beaux jours sont passés! Il est vrai qu'ils peuvent revenir d'un instant à l'autre.

Je vous félicite de votre nouvelle maternité; M. D. a eu là une excellente idée. Dans quelques mois, vous adorerez ce petit être noir, et cela vous aidera à passer le temps [3]. Je vous parle en connaissance de cause, car le joli Mimi [4] tient une place énorme dans notre existence. On le promène toute la journée, par tous les temps, ce qui est parfois bien agréable, je vous assure, surtout par le temps qu'il fait aujourd'hui. On ne pense qu'à leur bonheur. J'ai même à ce sujet une demande à vous faire, c'est que vous permettiez à

1. Nous étions partis le mercredi 14 juillet. Retour le lundi 16 août.

2. Petit-fils de Mme D., dont la fille s'était mariée en Italie.

3. Laurette, une jolie chienne griffonne.

4. Un jeune chien qui avait remplacé Gips, et que nous aimions beaucoup.

Mimi de se mettre au premier rang des aspirants à la patte de votre petite griffonne ; vous devez cela à notre vieille amitié, et vous ne sauriez faire un meilleur choix : il est gentil, aimable et bon, sa santé est excellente, et son honnêteté est parfaite... Je suis ravie d'apprendre que le jeune et joli Lorenzo a enfin trouvé une source inépuisable, où il peut se désaltérer tout à son aise...

Rigi-Kaltbad, vendredi 15 juillet 1887.

Ma bonne amie, nous somme en Suisse [1] depuis le 12, mais le voyage m'a un peu fatiguée, et je ne peux pas encore marcher beaucoup, si bien qu'Eugène est obligé de sortir seul, et que nous ne nous voyons qu'aux heures des repas. Nous avons chaque jour le spectacle d'un orage, qui passe devant nous pour aller fondre sur une autre montagne ; nous en sommes quittes pour la peur. Et vous, quel temps avez-vous à votre joli Bellevue ? Quelques orages aussi sans doute; il doit faire très chaud, si j'en juge par la température du Rigi, où il fait si froid d'habitude.

Rigi-Kaltbad, mercredi 20 juillet 1887.

Ma chérie, votre bonne lettre me fait le plus grand plaisir, et je suis bien heureuse d'apprendre que vos enfants viendront ; je voudrais bien voir ce petit être si gentil que tout le monde aime tant, mais seront-ils encore à Bellevue quand je reviendrai ?

Je ne peux toujours pas marcher beaucoup, ni surtout monter ; ce dernier exercice me donne des étouffements et des battements de cœur qui me font une peur affreuse. Je crois toujours que je vais tomber pour ne plus me relever, et puis je m'arrête et au bout d'un instant cela se passe. Je voudrais bien retrouver mes forces et ma respiration ordinaire, car le 25, des personnes que nous connaissons à Passy viendront passer quinze jours ici, et il faudra certainement que nous nous promenions avec eux, ce qui serait fort ennuyeux si j'étais dans l'état où je suis à présent... Dans six jours je serai peut-être plus gaillarde.

1. Partis le lundi 11 juillet. Rentrés le vendredi 12 août.

Eugène va assez bien, mais il se fatigue aussi plus que les autres années ; décidément, ma chérie, nous vieillissons, et il faudra peut-être que nous en arrivions à prendre nos vacances sur un terrain plus uni que celui des Alpes. Ce sera dommage, car c'est bien beau...

Rigi-Kaltbad, jeudi 4 août 1887.

Il fait un froid de loup ici, ma chérie, et je grelotte en vous écrivant ; c'est un temps de février, mais aussi on a le plaisir de pouvoir faire, pour se réchauffer, de longues courses. J'ai à peu près retrouvé mes jambes et je m'en sers le plus possible, devant quitter le Rigi dans cinq jours ; aussi vivons-nous dehors. C'est le motif qui m'oblige à vous envoyer une lettre toute griffonnée, que je n'ai pas le temps de recommencer... Je suis bien satisfaite que l'arnica vous ait fait du bien ; moi, cela me réussit toujours. Je termine ici ma lettre parce qu'on va sonner le dîner...

Passy, dimanche 8 juillet 1888.

Ma chérie, je me porte à moitié bien, mon estomac est dérangé, et je compte sur l'air du Rigi pour le remettre ; sur cette bienheureuse montagne on digère en deux heures les choses extraordinaires que l'on nous sert à table ; car on ne sait jamais si c'est du bœuf, du veau ou du mouton, grâce à la muscade et à la cannelle que l'on ajoute à foison à tous les mets. On mange tout cela de confiance, on va se promener ensuite, et tout va bien...

Rigi-Kaltbad, mercredi 18 juillet 1888.

Ma chère amie, nous sommes arrivés ici après un bon voyage [1], mais par un froid terrible le premier jour; puis nous avons eu trois jours de beau temps, et aujourd'hui nous avons de nouveau du brouillard, de la pluie et un froid de fin de novembre à Paris. Mais j'y suis habituée et je n'en souffre plus. Quatre jours ont suffi pour remettre mon estomac détraqué; enfin, ma chérie, je suis assez satisfaite pour

1. Partis de Paris le jeudi 12 juillet. Rentrés le jeudi 23 août.

mon compte. Quant à Eugène, il fait d'énormes promenades, dont je ne suis pas toujours, attendu qu'elles ont lieu à 7 heures du matin, et que je ne suis jamais prête aussi tôt que cela; il mange comme un ogre, et est déjà tout brun, moi aussi du reste. Cet air-là noircit plus encore que celui de la mer; le soleil est si chaud ici, quand il daigne se montrer! Vous trouverez dans cette lettre un œillet du Rigi[1]; c'est une espèce particulière, qui ne s'acclimate pas ailleurs et dont le parfum est exquis; je ne sais pas s'il le conservera jusqu'à Bellevue; je l'espère pourtant, car ce parfum est très persistant.

Rigi-Kaltbad, samedi 28 juillet 1888.

Ma chère amie, je vous ai écrit le quatrième jour de mon arrivée, et comme vous ne m'avez pas répondu, je me demande si ma lettre vous est parvenue. J'avais mis dedans un œillet du Rigi, et quoique cela ne soit pas gros, je crains que ce n'ait paru suspect à la poste, et qu'on ait décacheté la lettre; enfin j'ai un tas d'idées ridicules, comme vous voyez... Nous avons autant de beaux jours que de laids, mais les laids sont si froids qu'ils peuvent compter double. J'ai les pieds gelés en vous écrivant; il fait du vent comme au bord de la mer, et pourtant il y a du soleil... Je vous quitte pour aller retrouver Eugène, qui m'attend; nous allons faire une promenade fraîche et éventée!...[2]

Rigi-Kaltbad, mercredi 15 août 1888.

J'ai été très contente que mes quelques petits œillets vous aient été agréables, et qu'ils soient arrivés dans un aussi bon moment, celui de votre fête, dont j'ignorais la date[3]; j'avais trouvé cette demi-douzaine de fleurs avant le dîner, je suis

1. Cette fleur assez rare, même au Rigi, ne se trouve que sur les pentes abruptes. La lettre contient encore celle qui y était jointe.

2. A cette lettre est jointe une fleur d'arnica encore très brillante.

3. Le 30 juillet. « Savez-vous, écrivait le 31 Mme D.., que c'était justement ma fête hier. Ce n'est pourtant pas probable, Ste Béatrix dédaignant profondément les almanachs. »

entrée chez la mercière demander un carton, j'ai mis l'adresse et j'ai porté cela au chemin de fer, avant de rentrer chez moi. Nous venons d'avoir huit jours superbes sans un nuage, mais aujourd'hui il pleut, il fait de l'orage, il est tombé de la grêle grosse comme des œufs d'oiseaux; on ne voit jamais des choses pareilles à Paris, heureusement!

Les mouches ne sachant que faire dehors par un pareil temps, ont jugé prudent d'entrer dans les maisons ; et il y en a une qui m'a horriblement piquée à la main; il y a de cela deux heures, et j'ai encore la main enflée, malgré tout ce que j'ai mis dessus. Nous pensons quitter le Rigi vers la fin du mois; c'est très beau ici, mais c'est énorme d'y rester six semaines; il y a trop d'Allemands. Aussitôt à Passy, j'irai vous embrasser; j'ai vraiment besoin de cela pour me racommoder avec l'espèce humaine. Eugène commence à s'ennuyer aussi, et pourtant il est impossible de se promener davantage qu'il ne fait...

*Madame Asse à Madame Élise à Wengen-Péry, de Bâle.*

Passy, mardi 28 août 1888.

Chère madame, je viens vous remercier de vos délicieux leckerlis [1], c'est vraiment très aimable à vous de favoriser ainsi mon goût pour cet excellent produit de votre patrie; et pourtant, si j'osais, je vous gronderais un peu d'avoir fait cela ; est-ce une raison parce que je vous offre quelques fleurs, qui ont dû vous embarrasser beaucoup tout le long du chemin, pour m'envoyer des leckerlis? On m'a remis votre petit paquet juste au moment où j'allais fermer ma malle ; une heure plus tard j'aurais été partie. Une légère indisposition de mon mari nous a fait avancer notre départ d'une semaine, et vous avez dû être étonnée en apprenant cela par votre amie, que j'ai priée de vous remercier de ma part, en attendant que je puisse moi-même le faire par écrit...

1. Petits gâteaux sucrés, une réputation de Bâle.

*Madame Eugène Asse à Madame D.*

Rigi-Kaltbad, dimanche 21 juillet 1889.

Nous voici de nouveau en Suisse, et après un bon voyage[1]. Comme d'habitude, j'ai eu horriblement froid les deux premiers jours, mais froid à en être malade, car cela m'a redonné ce rhumatisme dont je vous ai parlé à Paris, et assez fort pour m'empêcher de dormir. Aussi ai-je été obligée de me couvrir beaucoup plus que je ne fais l'hiver, et grâce à cela je vais un peu mieux. C'est un singulier endroit que celui où nous sommes ; on vit dans les nuages, dans le brouillard ; on s'étonne que cela fasse tant de bien ; mais aussi, quand tout est clair, c'est si beau ! Vous devez être parfaitement heureuse, maintenant que vous avez vos enfants, et Bellevue doit être une miniature du Paradis... Je voulais vous envoyer des œillets du Rigi, pour que Béatrix les connaisse ; j'ai donc été dans cette intention à l'endroit où j'en trouvais d'ordinaire[2] ; mais on a trouvé bon de rapporter de la terre à cette place, et les pauvres œillets sont étouffés. J'en suis désolée, car je n'en ai jamais vu ailleurs.

Rigi-Kaltbad, Dimanche 11 août 1889.

Avez-vous enfin vos chers enfants, ma bonne amie ? je l'espère, et je pense bien souvent à vous, quoique je ne vous écrive pas souvent ; mais vous ne pouvez vous figurer comment le temps passe ici : on est toujours dehors. C'est du reste pour cela qu'on y vient, et on ne fait rien que humer l'air et contempler. Nous avons eu quelques beaux jours, très frais toujours, mais d'un frais délicieux, et c'est avec frayeur que je pense à retourner dans la fournaise parisienne. Il va pourtant falloir s'habituer tout doucement à cette idée désagréable ; le temps s'écoule et la fin des vacances approche ; et puis je veux être de retour pour recevoir

1. Partis de Paris le lundi 16 juillet, rentrés le mardi 20 août.
2. Au-dessous de la pointe du Kænzli.

ma petite Anna[1], qui aura trois jours de congé à la fin de ce mois. Je ne serai pas fâchée non plus de retourner à l'Exposition, où je m'amuse toujours beaucoup... J'entends le train, je n'ai que le temps de vous embrasser...

Passy, lundi 7 juillet 1890.

Ma bonne amie, je suis bien heureuse de savoir votre retour[2] prochain, et d'avoir l'espérance de vous voir avant mon départ. Moi aussi, je prépare tout pour notre voyage, et ce n'est pas une petite affaire, attendu que je confectionne quantité de choses que je dois emporter, et je n'ai pas encore fini...

Rigi-Kaltbad,[3] lundi 11 août 1890.

Pourquoi ne m'écrivez-vous pas, ma bonne amie ? Il y a au moins une dizaine de jours que vous avez dû recevoir ma lettre ; peut-être êtes-vous encore en Italie. Je ne sais que penser.

Nous venons d'avoir une série de beaux jours, coupée de temps à autre par un bel orage, car ici les orages sont superbes et effrayants ; il est vrai qu'on est dedans, ce qui n'est pas rassurant. Nous avons encore deux semaines à passer ici ; on y est si bien que le temps semble passer plus vite qu'ailleurs ; je voudrais pouvoir y rester trois mois... Je vous embrasse de tout cœur.

Rigi-Kaltbad, vendredi 31 juillet 1891.

Nous sommes au Rigi[4] ; nous vivons dans un nuage crevé, c'est une pluie battante et permanente, avec une température qui varie de 3 à 8 degrés, pas au-dessus. Si vous saviez comme je regrette d'être venue ici. Eugène n'y tenait pas du

1. Anna Bregenzer, jeune fille, devenue infirme, que nous avions ramenée de Suisse en 1883 comme domestique, et à laquelle Mme Asse s'intéressait beaucoup.

2. Mme D. était à Turin depuis le 2 juin.

3. Partis de Paris le mercredi 16 juillet, nous y revînmes le mercredi 27 août.

4. Depuis le dimanche 28 juillet. Nous le quittâmes le vendredi 28 août.

tout, c'est moi qui ai été prise d'une envie irrésistible de revoir la Suisse, et de respirer un peu d'air frais ; et puis cette perspective d'être sans bonne, d'avoir à en chercher une... Enfin, j'ai été lâche, et je suis punie. C'est d'autant plus bête, que c'est reculer pour mieux sauter, il faudra toujours que j'en passe par là... Ce qu'il y a de plus triste, c'est que je suis toujours inquiète[1], et que je ne cesserai de l'être que quand je rentrerai chez nous. Voyez les belles vacances !... Je me promets bien de ne plus revenir ici, j'ai du Rigi et de son brouillard par-dessus la tête...

*Madame Asse à Madame Eugène G.*

Rigi, samedi 1er août 1891.

Chère Madame, je vous envoie un peu d'arnica ; je mets à la poste en même temps que cette lettre une petite boîte à cigares qui en est remplie ; il m'a été impossible de trouver un carton. Voici comment vous allez procéder : vous mettrez dans une bouteille fleurs, feuilles, tiges et racines. Vous gratterez légèrement les racines pour ôter la terre, vous fendrez les tiges, vous casserez tout cela de manière à le faire entrer commodément dans la bouteille, que vous choisirez telle que l'arnica l'emplisse presque, vous tasserez un peu avec le manche d'un crochet en ivoire, puis vous verserez dessus, de façon à le couvrir complètement, de l'alcool rectifié à 90 degrés, que je vous engage à acheter chez un pharmacien pour qu'il soit meilleur ; et vous laisserez infuser pendant deux mois. Vous aurez de la sorte une teinture d'arnica parfaite. Et quand vous aurez mis dans une autre bouteille cette teinture, vous verserez sur les fleurs de nouvel alcool, que vous laisserez encore infuser et qui sera aussi très efficace.

J'espère que votre santé est bonne et que le plus aimable de tous les Eugène se porte à ravir... Nous avons ici un temps affreux, un froid de loup, 3 degrés le matin, et 7 ou 8 dans l'après-midi, et du brouillard et de la pluie ; mais quand il y a une éclaircie, c'est si beau qu'on oublie tout le reste...

1. A cause de nombreux vols qui avaient eu lieu dans les hôtels et même les appartements de Passy.

*Madame Eugène Asse à Monsieur Henri G.*

Rigi-Kaltbad, dimanche 2 août 1891.

Nous voici installés au Rigi, cher Monsieur, et comme d'habitude il y a du brouillard, il y tombe des torrents d'eau, et il y fait un froid terrible. Nous sommes couverts comme au mois de décembre, et malgré cela nous ne pouvons pas nous réchauffer, à moins de marcher. Depuis ce matin le soleil luit, et on nous prédit que cela durera trois jours. Hâtons-nous donc d'en profiter, c'est-à-dire de faire comme les lézards, et d'admirer ce qui nous entoure.

Nous avons fait un ennuyeux voyage ; nous nous en allions sans entrain, j'avais un tas d'idées noires qui commencent à se dissiper un peu avec le beau temps. En Suisse, notre wagon a pris feu, ou du moins il fumait fortement ; il a fallu l'ôter du train et nous en donner un autre ; mais cela a demandé du temps, et je n'avais pas l'esprit tranquille. Enfin nous sommes arrivés à Lucerne, où nous avons eu toutes les peines du monde à trouver une chambre, tous les hôtels étant pleins. C'est égal, je serai bien contente d'être de retour à Passy, et si je, ou plutôt nous ne changeons pas d'idée, nous ne le quitterons pas l'année prochaine... Je vous quitte pour aller faire une promenade. Recevez, cher Monsieur, l'assurance de la sincère affection de vos deux amis.

*Madame Eugène Asse à Madame D...*

Rigi-Kaltbad, mardi 11 août 1891.

Comme vous êtes aimable et bonne, ma chère amie, de vous être dérangée, et d'avoir été jusqu'à Passy[1] ; je vous en suis bien reconnaissante, cela me tranquillise tout à fait. Nous venons d'avoir trois jours de beau temps à ajouter à deux autres qui n'ont pas été trop laids, cela fait en tout cinq jours sur quinze ; ce n'est pas trop, comme vous voyez.

Je me suis mal expliquée, ma chérie ; c'est au-dessus de

1. Pour s'enquérir si tout se passait bien chez nous.

zéro et non au-dessous ; si c'était au-dessous, je ne pourrais pas le supporter. Je respire et je monte très difficilement ici cette année ; je suis obligée de prendre le chemin de fer toutes les fois qu'il y a à monter, et je redescends à pied ; enfin je pense que le Rigi n'est plus bon pour une *patraque* comme moi, et je crois que c'est la dernière fois que j'y reviens. Eugène s'y porte assez bien, tout en pestant après la température ; et je crois que c'est sans regrets qu'il restera à Passy ou qu'il ira ailleurs. Nous reviendrons quelques jours avant la fin du mois, et j'espère que je pourrai faire quelques promenades avec vous, car vous n'allez sans doute pas partir tout de suite pour l'Italie... C'est avec un certain plaisir que je vois le temps s'écouler. Je serai bien contente d'être de retour chez nous...

*Madame Eugène Asse à M. Henri G.*

Rigi-Kaltbad, jeudi 13 août 1891.

Cher Monsieur, voilà déjà dix-sept jours de passés ; je les compte, comme vous voyez, et cela ne signifie pas précisément que je m'amuse ici. Je serai bien contente de rentrer chez nous, et je crois que nous ne reviendrons plus ici : il y fait trop froid. Eugène se porte bien, et il a des distractions plus nombreuses que les miennes ; il sort beaucoup, il peut monter sans fatigue, ce qui m'est absolument impossible cette année. Je suis dans le train, cher Monsieur ; je le prends tous les jours : c'est comme cela que je fais mes ascensions ; pour revenir, c'est autre chose ; comme on descend, je marche.

Où êtes-vous ? chez des amis sans doute ; j'espère que cette lettre vous y parviendra, et que vous aurez quelques instants pour y répondre.

Il a plu toute la journée aujourd'hui ; nous avons malgré cela essayé de faire une promenade dans le parc, mais la violence du vent nous a obligés de rentrer. Nous sommes beaucoup mieux dans notre hôtel cette année que les précédentes ; nous avons un assez bon cuisinier, qui ne nous sature pas de muscade et de cannelle : c'est un petit adoucissement à notre ennuyeuse situation. On vient en Suisse pour voir de belles choses, eh ! bien, nous ne voyons rien du tout ; nous avons vu les Alpes trois fois en dix-sept jours, et le temps a été à peu près supportable quatre ou cinq jours. Je suis désillusionnée. Plaignez-nous, cher Monsieur, et envoyez-nous des consolations. Votre aimable lettre nous a fait un grand plaisir.

Nous vous envoyons tous deux l'assurance de notre bien sincère amitié.

*Au même*

Rigi-Kaltbad, samedi 22 août 1891.

Nous allons enfin quitter cet affreux Rigi, nous partons vendredi, et nous serons à Paris samedi. Il fait un froid et un brouillard terribles, et vous, vous êtes un sage de n'avoir pas quitté votre domicile ; à l'avenir nous ferons comme vous. Quand on pense que j'ai des engelures ; oui, vous lisez bien, des engelures, et tous les soirs on me met une bouteille dans mon lit. C'est même très probablement à cela que je dois mes engelures.

Je vous écris avec une plume magique, sans encre ; aussi je me demande si vous pourrez me lire. On trempe tout simplement sa plume dans l'eau, et on obtient le résultat que vous voyez. Croyez bien qu'il ne manque pas d'encre ici ; c'est tout simplement pour m'amuser.

Eugène est bien heureux de rentrer à Paris, et si je n'avais pas écrit pour annoncer notre retour, nous aurions avancé de quelques jours notre départ...

*Madame Eugène Asse à Madame D.*

Rigi-Kaltbad, dimanche 24 juillet 1892.

... Vous me disiez dans l'unique lettre que j'ai reçue de vous et à laquelle j'ai répondu, que nous aurions du beau temps au Rigi, à moins que les Suisses ne commandent des nuages tout exprès pour les voyageurs. Eh ! bien, ma chérie, les nuages ont été commandés ; vous n'avez pas idée de ce que nous avons eu, en huit jours, de pluie et de froid [1]. Il n'y a qu'hier et aujourd'hui où le temps a été à peu près beau ; et encore aujourd'hui sommes-nous dans un nuage, à travers lequel on sent la chaleur du soleil, ce qui est assez agréable. Cela ressemble à un bain de vapeur au foin coupé.

Mercredi 27.

Cette lettre a été commencée le 24 au soir et interrompue par le souper, et puis il a fait si beau depuis, et Eugène m'a tellement pressée pour m'habiller et sortir, voulant que je sois toujours dehors, que je n'ai pas trouvé un moment pour la terminer... Je crois que vous êtes comme moi, que vos journées se passent sans que vous sachiez comment, que vous ne faites pas grand chose, et que vous êtes pourtant très occupée...

*Madame Asse à Madame Scarpatetti-Bossard [2], à Coire.*

Rigi-Kaltbad, mercredi 17 août 1892.

Chère Madame, nous ne vous oublions pas ; mon mari et moi nous parlons de vous chaque jour, et nous regrettons votre aimable société que rien ne saurait remplacer.

Depuis le départ de votre cousine [3], et à part la bonne Bernoise que vous connaissez, nous sommes entourés à table d'Allemands, y compris l'éloquente dame que vous m'aviez signalée et que j'ai l'avantage d'avoir en face de moi ; nous ne parlons donc plus à personne et nous tâchons de nous suffire.

Je vous remercie de votre aimable lettre ; elle m'a fait le plus grand plaisir et je vois que les distractions ne vous manquent pas, quoiqu'en ce moment vous n'en ayez pas besoin ; vous avez à prendre possession de votre maison, à vous installer, ce que vous n'avez pu faire depuis que vous êtes mariée, ayant toujours été en voyage.

1. Partis de Paris le samedi 16 juillet, nous y rentrâmes le vendredi 26 août.

2. Mlle Joséphine Bossard, de Zug, qui venait d'épouser le Dr Scarpatetti, de Coire.

3. Mlle Joséphine Weiss, de Kohler Muhle, près Zug.

Nous quitterons probablement le Rigi le 24 ou le 25 de ce mois... J'ai fait une chute dimanche dernier dans le parc[1], et je me suis contusionné les genoux, ce qui me gêne pour me promener ; aussi depuis, vais-je toujours en chemin de fer jusqu'à guérison complète. Avons-nous du beau temps ! et dire qu'il va falloir retourner à Paris où l'on étouffe littéralement. Mon médecin qui est au Rigi en ce moment a poussé les hauts cris quand je lui ai dit que nous allions bientôt partir, mais il le faut...

*Madame Eugène Asse à Madame D.*

Rigi-Kaltbad, lundi 24 juillet 1893.

Nous sommes installés[2] et acclimatés, ce qui n'est pas une petite affaire, attendu que nous étions glacés le premier jour et surtout la première nuit ; maintenant, c'est une fraîcheur délicieuse ; on monte sur les sommets en plein soleil sans y penser. Je regrette bien que vous ne voyagiez plus maintenant que pour aller en Italie, cela aurait été si gentil de nous promener ensemble sur cette belle montagne, où on est si bien ; c'est un parfum délicieux de sapins, de fleurs et de foin ; et puis un air si vif et si pur, et pas un grain de poussière... Écrivez-moi une bonne petite lettre ; dites-moi comment vous vous portez, ainsi que votre mari ; dites-moi aussi s'il fait beau et chaud. Nous avons ici un temps superbe, ce qui me donne à penser qu'il fait chaud à Paris.

Rigi-Kaltbad, lundi 14 août 1893.

... J'ai été bien contente d'apprendre le motif pour lequel vous avez tardé à m'écrire ; votre sœur est ce qu'elle paraît, une bonne et aimable personne. C'est tout à fait gentil de vous avoir conduite à la mer[3] ; mais cela aurait été bien plus gentil encore de vous avoir amenée au Rigi, et d'y avoir donné rendez-vous à Béatrix, alors notre bonheur aurait été complet ici.

1. Sur le chemin de Kænzli, et un peu par ma faute, hélas !
2. Partis de Paris le lundi 17 juillet, nous y rentrâmes le mardi 29 août.
3. Au Hâvre, Honfleur, Trouville.

Nous venons de passer vingt-quatre jours à notre hôtel avec un jeune prêtre vendéen, très aimable et très bon [1]; il nous a quitté hier et nous le regrettons beaucoup... Nous serons de retour pour la fin du mois, et même quelques jours avant, afin qu'Eugène puisse se reposer du voyage, car le 1er septembre tombe un vendredi, et il faut qu'il reprenne son service ce jour-là.

*Madame Eugène Asse à Madame Scarpatetti-Bossard.*

Rigi-Kaltbad, dimanche 13 août 1893.

Chère Madame, je vous remercie de votre aimable lettre, elle nous a fait le plus grand plaisir ; elle est tout à fait bonne et réjouissante. Je n'ai pas besoin « d'un drap pour sécher mes larmes », mais vous me manquez, je vous regrette et je pense souvent à vous. Je comprends que votre mari désire que vous abrégiez votre voyage : il doit s'ennuyer beaucoup loin de vous.

Je me suis acquittée de votre commission auprès de M. l'abbé, il est très sensible à votre amabilité, et me charge de vous en remercier. C'est aujourd'hui qu'il nous quitte, et lui aussi va nous manquer beaucoup ; c'était une société précieuse pour mon mari. Votre cousine va bien, elle a passé ce moment redouté beaucoup mieux qu'elle ne l'espérait... Mon mari se tient tranquille et ne parle plus de partir, il est donc probable que nous ne partirons que le 24 ou le 25. Vous devez avoir bien chaud à Zug, si j'en juge par le temps que nous avons ici, et notre pauvre abbé va rissoler sur le bateau à vapeur.

Je vous en prie, chère Madame, ne m'envoyez pas vos fleurs, gardez ces jolis souvenirs du Rigi, et écrivez-moi une bonne petite lettre à Paris, cela nous fera un plaisir infini. Votre cousine nous a dit que votre frère [2] viendrait probablement ici lundi. Nous serons enchantés de l'avoir auprès de nous.

1. M. l'abbé Bougis, de Fontenay-le-Comte.
2. M. Louis Bossard, de Zug.

*Madame Eugène Asse à Madame Scarpatetti-Bossard.*

Paris, jeudi 6 septembre 1894.

... J'espère que vous vous portez toujours bien ; j'ai eu de vos nouvelles par votre frère au Rigi [1]. Quand vous avez été partie, il a fait très froid, et cela m'a fait beaucoup de mal. J'ai eu et j'ai encore un rhumatisme dans la poitrine. J'étouffais et je toussais ; j'étais dégoûtée de cette affreuse nourriture, je ne pouvais plus manger ; et si je mangeais, j'avais toutes les peines du monde à digérer. Mon estomac s'est remis comme par enchantement, aussitôt que j'ai quitté le Rigi ; j'avais une faim dévorante en arrivant à Lucerne, et j'ai déjeuné avec un plaisir infini. Depuis, j'ai un appétit superbe, mais je tousse toujours, et j'en veux mortellement au Rigi, qui m'a rendue malade, quand je me portais si bien.

Ces séjours réguliers au Rigi, avaient beaucoup fortifié sa santé. Peut-être cependant lui furent-ils funestes en l'habituant à braver imprudemment un climat trop souvent rigoureux, où le froid, la pluie, les brouillards règnent en maîtres plus encore que le soleil, et en fatiguant l'organe du cœur, dont les battements s'accéléraient à une altitude de 1450 mètres. Mais les promenades sur ces admirables chemins du First, du Scheideck, d'où l'on découvre les sommets glacés des Alpes Bernoises, tandis que s'étendent à vos pieds les flots azurés du lac des Quatre-Cantons, avaient pour elle un attrait irrésistible ! Avec quelle piété fervente elle allait aussi s'agenouiller chaque jour dans la petite chapelle du Kaltbad, si recueillie, dont la solitude n'est troublée que par le murmure de la source s'écoulant paisible à l'ombre de

1. Nous y avions séjourné du mercredi 18 juillet au mardi 21 août. Amélie ne devait plus le revoir. Deux lettres qu'elle écrivit à Mme D., le 29 juillet et le 16 août, publiées précédemment dans *Madame Asse, Paris*, 1896, complètent ses impressions sur ce dernier séjour au Rigi.

Chapelle du Rigi-Kaltbad

rochers énormes et de sapins séculaires ! Là, elle s'épanchait en prières sorties du plus profond de son cœur pour demander à Dieu de veiller sur les êtres qui lui étaient chers. Maintenant on ne l'y verra plus : mais ceux pour qui elle priait et qui lui survivent, y reviendront comme à un pieux pèlerinage.

Son amabilité, sa bonté, le charme qui émanait de toute sa personne, lui avaient fait en Suisse, comme partout, de nombreux amis. Elle se trouva ainsi avoir formé à Berne, à Coire, à Zurich, à Zug, à Bâle, jusqu'à Hambourg, à Vienne, à Amsterdam, des amitiés qui avaient survécu à ces séjours passagers du Rigi, et les regrets que sa mort y a laissés attestent les affections solides qu'elle avait inspirées.

Comment en aurait-il été autrement ? N'était-elle pas elle-même le modèle des amies ! Son amitié était une amitié active ; elle s'ingéniait aux prévenances, aux gracieuses surprises qui en sont comme la culture. Habile à tous les petits ouvrages de femme, elle travaillait bien plus pour les autres que pour elle, et avait toujours en réserve quelques présents de ce genre, surtout pour ses vieilles amies. Dans ses lettres, son affection trouvait sans cesse quelque expression nouvelle, vive, ingénieuse. L'âge qui écarte ou refroidit quelquefois l'amitié, attirait et avivait la sienne. Elle ne respectait pas seulement la vieillesse, elle l'aimait : elle l'entourait de soins, lui prodiguait les trésors de sa gaieté et de son esprit. « Sa présence seule me rajeunissait, me ranimait ; elle était pour moi comme un retour du printemps de la vie », me disait une de ses amies. Que n'est-elle parvenue elle-même à un âge plus avancé, pour recueillir à son tour tout ce qu'elle avait prodigué aux autres ? Certes, jamais vieillesse n'eût été entourée de plus de respect et d'amour.

Les années de la maturité étaient venues pour elle, sans que son heureuse nature eut encore rien perdu de sa vivacité, sans que son esprit se soit seulement assombri, attristé. « Je ne puis croire, disait-elle souvent, que j'aie tant vécu. A l'exception de celles marquées par la mort de mes chers parents, il me semble que les années n'ont pas pesé sur ma tête ».

Hélas ! quand elle parlait ainsi, la mort la guettait et frappait déjà autour d'elle. Au mois de juin 1887, à quelques jours de distance, elle avait perdu deux de ses amies les plus chères, M^me^ A. Charpentier et M^me^ Fernand de Biancour.

---

## VIII

Quel lamentable récit que celui de sa dernière année!

Suivant notre habitude, nous étions partis, le mardi 17 juillet 1894, pour le Rigi. A quoi tient la destinée ! Il s'en fallut de bien peu que nous ne fissions pas ce voyage, qui devait être si funeste à ma pauvre Amélie. Les premiers mois de l'année avaient été exceptionnellement beaux ; nous craignions que, par une fâcheuse compensation, ceux de juillet et d'août ne fussent très laids : déjà même, en juin, il y avait eu de la pluie et des orages. Notre séjour au Rigi l'année précédente avait été moins que les autres favorable à Amélie, et pendant l'hiver qui suivit notre retour, elle avait été fort enrhumée et rhumatisante. Par malheur, au commencement de juillet le temps se remit : l'attrait du voyage, le plaisir qu'elle se promettait à revoir ces montagnes et leurs blancs sommets, la fatalité peut-être, l'emportèrent sur la prudence, et nous partîmes. Amélie avait fait en hâte ses préparatifs. Par une sorte de mauvais présage la Suisse sembla nous repousser : à Lucerne nous eûmes beaucoup de peine à rentrer en possession de nos bagages restés à la douane de Bâle, contretemps qui jamais ne nous était arrivé. Notre trajet en chemin de fer s'était accompli sous un ciel brumeux, triste ; mais nous avions évité du moins la trop grande chaleur. Le lendemain à Lucerne, la pluie commença, et ce fut dans la cabine du bateau que nous fîmes la traversée du lac. Nous étions habitués d'ailleurs à ces pluies helvétiques, et Amélie, qui se portait à merveille, n'en souffrit pas. A midi, nous étions installés dans notre hôtel *Bellevue,* au Kaltbad. Le lendemain, toute la journée la pluie tomba, un épais brouillard fermait l'horizon. Le 20, le ciel apparut enfin d'un bleu splendide, et jusqu'au 30 nous eûmes neuf jours d'un temps magnifique, interrompu par un seul jour de pluie. Amélie cependant n'en profita pas comme elle eût fait les années précédentes. Elle, qui gravissait si allégrement et avec tant de plaisir les hauteurs du Schild et du Rothstock, éprouvait maintenant de l'oppression. Cela lui était déjà arrivé, mais avait cessé très vite. Ce fut moi cette année qui la remplaçai dans la récolte de ces fleurs d'arnica que d'ordinaire elle se plaisait tant à cueillir elle-même sur les pentes et les hauteurs du Schild, pour les distiller ensuite et en faire présent à des amies. Elle limitait ses promenades aux sentiers moins escarpés du First et du joli bois de sapins qui l'abrite au nord. L'endroit est délicieux, avec des échappées de vues sur les Mythen et le lac de Lowerz. Ces premières belles journées, dans quelle quiétude nous les passâmes au milieu de sites enchanteurs, lisant quelque livre, plus souvent causant ensemble de tout et de rien, gardant aussi le silence, qui est comme le recueillement du bonheur. C'était le dernier que nous devions goûter sur la terre.

Avec le mois d'août commença une série de journées

affreuses. Sur vingt que nous demeurâmes encore au Rigi, sept seulement, et à de longs intervalles, furent à peu près supportables. Aux pluies diluviennes, aux orages, à partir du 10 août s'ajouta un froid très vif; le thermomètre marqua, au milieu du jour, 7, 5, 3 degrés seulement au-dessus de zéro. L'oppression d'Amélie ne s'était pas dissipée, une toux persistante était même venue s'y mêler. Nous aurions dû alors descendre sur les bords du lac, mais elle avait une grande aversion pour ces localités riveraines, où en 1883 nous avions été dévorés par les moustiques. Elle avait la passion des hauts sommets, et ne les quittait qu'à la dernière extrémité. Elle ne pouvait croire d'ailleurs à la gravité de cette toux, à laquelle sa bonne constitution la rendait presque indifférente. Cependant, le 18 août, j'écrivais dans mon journal :

« Départ de Mme Lagnau et de ses deux filles qui vont à Gersau rejoindre leur fils sous un ciel plus clément... Il fait très froid : 4 degrés ce matin. Cela avancera notre départ. Amélie tousse, il est temps de quitter nos sommets, et de retrouver notre climat plus égal de Passy. Notre hôtel se vide, et chacun est las de grelotter. La dame de Carlsbad est également partie aujourd'hui pour Interlaken, d'où elle ira à Lugano ».

Et encore, le mardi 21, jour de notre départ :

« Bien que nous n'ayons eu de pluie ni dimanche ni lundi, le temps est si froid, le ciel si gris, la nourriture de l'hôtel nous devient si insupportable, la toux d'Amélie — irritation de poitrine — si persistante, que nous quittons ce matin le Rigi, à 10 h. 47. Heureusement le temps nous favorise, il ne pleut pas, et nous avons jusqu'à Bâle un ciel un peu couvert, fort agréable ».

Elle avait le ferme espoir qu'une température plus douce, plus égale suffirait à lui rendre la santé aussitôt son retour à Paris, où nous rentrâmes le mercredi à 6 h. du soir. Cet espoir fut trompé, sans toutefois qu'elle s'inquiétât de son état. Son médecin n'y voyant qu'une simple disposition héréditaire à l'asthme, lui ordonna un mois d'eaux de Cauterets, qui n'eurent d'autre résultat que de faire perdre un temps précieux (25 septembre-25 octobre). Persuadée elle-même que c'était une infirmité à laquelle il fallait se résigner, elle écrivait le 3 novembre à la meilleure de ses amies :

Votre aimable lettre m'a fait un plaisir infini, et j'y aurais répondu quelques jours plus tôt, si je n'étais pas la personne la plus grognon du monde. Je n'ai pas pris de sirop, je n'ai pas vu de médecin, et je ne me porte pas bien. J'ai la conviction que ce que j'ai là ne guérira pas et qu'il n'y a rien à faire ; peut-être le temps apportera-t-il quelque adoucissement à cet état désagréable. Il y a des jours où je vais presque bien ; c'est quand je suis trop couverte et que j'étouffe de chaleur ; alors, bien entendu, j'ôte quelque chose, n'y tenant plus, et je suis reprise de plus belle. Mais c'est assez parler de mes maux.

Vous voilà donc la plus heureuse des mères et des grand'-mères ; vous êtes fière de votre fille et en adoration devant vos chers petits-enfants ; et avec cela, dans un beau pays ensoleillé ; vous avez tout, ma chérie, excepté votre mari, qui ira vous rejoindre bientôt.

Votre histoire de pluie est bien amusante ; mais j'espère que vous n'avez laissé tomber d'eau que juste ce qu'il fallait pour arroser les terres de Beatrix et que vous vous promenez à pieds secs maintenant.

Eugène se porte assez bien, mais il est dans la désolation de mon état de santé. [1]

1 Lettre à Mme D.

Sa gaieté, on le voit, ne l'avait pas quittée. Et cependant son état s'aggravait. Son médecin qu'elle avait revu, prescrivit (21 novembre) une potion arseniquée et l'usage d'un sirop phosphoreux, qui ne produisirent pas plus d'effet que les eaux de Cauterets. Déjà, à l'insu de l'homme de l'art, l'influenza, ce mal insidieux, contre lequel la médecine est encore si impuissante, la minait lentement. Le 16 décembre, elle écrivait à la même amie :

Votre lettre m'a fait grand plaisir, je commençais à ne savoir que penser et où vous étiez. J'allais vous écrire lorsque votre lettre m'est parvenue. Je ne peux pas aller vous voir, car je ne me porte toujours pas bien, et il me serait bien impossible de faire ce long voyage en omnibus. Je ne vais plus au *Bon Marché*;[1] quand j'ai besoin de quelque chose, je leur écris et ils m'envoient ce que je désire. C'est très ennuyeux, mais cela vaut mieux que d'être poussive et d'étouffer. Du reste, en prenant toutes ces précautions et de l'huile de foie de morue, je parviens à vivre à peu près tranquille, et j'espère que ce mal, qui m'est venu en quelques instants, s'en ira à la longue. Quand il fait un peu de soleil, je vais me promener pendant une heure au Ranelagh, et je m'en trouve très bien, mais si j'ai le malheur de descendre par un temps humide, je souffre comme une damnée. Voilà, je crois, des détails sur ma santé ! [2]

Malgré l'opinion du docteur, je ne pouvais croire que ce mal si subit fût la conséquence naturelle d'un état de santé déjà ancien, d'une disposition héréditaire, ou de l'âge. J'étais convaincu que c'était un mal accidentel, peut-être gagné dans ces promiscuités d'hôtel auxquelles

1. Où elle se fournissait habituellement.
2. Lettre à M<sup>me</sup> D.

on fait si peu d'attention, et qui à la réflexion sont effrayantes. Nous avions eu en effet pour voisins — nous n'y pensâmes que plus tard — une famille russe dont la femme était souffrante et avait beaucoup de difficulté à gravir la moindre hauteur. J'aurais désiré qu'Amélie allât chercher dans le Midi un refuge contre l'hiver qui s'annonçait très rigoureux. Mais je ne pouvais m'absenter de Paris, et Amélie ne voulait pas entendre parler de séparation. Le mal avait d'ailleurs des intermittences qui ramenaient les sécurités trompeuses, et la science nous entretenait dans ces dangereuses illusions. Comme jusque-là elle ne s'était pas alitée un seul jour, elle crut, et moi avec elle, qu'il lui suffirait de prendre de grandes précautions contre le froid de l'hiver, de garder l'appartement le plus possible. Combien cette séquestration lui pesa, sa vive nature, son activité ordinaire, ses habitudes de maîtresse de maison vigilante aussi bien que d'amie aimante, attentive, le font assez comprendre. Elle prit beaucoup sur elle, plus encore pour son mari, pour ceux qui l'aimaient et la suppliaient de se ménager, que par souci, par préoccupation d'elle-même. Mais un sort méchant semblait la poursuivre. Il arriva quelquefois que la promenade qu'on lui avait prescrite, commencée par un temps favorable se terminait par un assaut de vent glacial. Le 5 janvier, elle écrivait à son amie :

Ne pouvant pas aller chez vous, je vous envoie quelques lignes pour vous dire avant tout que je vous aime bien, et quoiqu'il soit un peu tard, pour vous souhaiter le plus grand de tous les biens, la santé, accompagnée du bonheur de ceux que vous chérissez, puisque c'est de cela que se compose le vôtre.

Je n'ai pas encore mis les pieds dans la rue cette année, il fait si vilain temps ; et je ne sais pas quand je sortirai. D'ordinaire c'est moi qui vais acheter certains approvisionnements, et maintenant je suis obligée de laisser faire ces achats à ma bonne, bien peu experte... Je suis gelée, notre appartement est une glacière que rien ne peut chauffer, pas même la salamandre, aussi je ne me porte pas très bien.

Il est tard, ma chérie. Je vous quitte pour aller me coucher dans un lit froid, au fond duquel cependant je trouverai un cruchon [1].

Les trois premiers mois de l'année 1895 se passèrent ainsi dans un état qui n'était ni la santé ni la maladie caractérisée : autour d'elle, nous étions attristés, sinon encore vraiment inquiets. Mais le 4 avril, au moment où elle croyait avoir enfin échappé à cet hiver rigoureux, elle dut prendre le lit. Une bronchite s'était déclarée, et le médecin constata la présence de l'influenza à certains signes qui cependant existaient déjà auparavant et qu'elle avait elle-même remarqués sans en connaître le fâcheux présage. Dans les derniers jours du mois précédent, un retour offensif du froid l'avait fort éprouvée. Le 20 mars, j'écrivais sur mon journal :

Après quelques jours de beau soleil, voici le ciel redevenu gris, bas ; juste au moment où d'ordinaire les feuilles commencent à poindre aux arbres. Il semble que le printemps ne viendra jamais.

Deux jours auparavant, une sortie pendant laquelle la température changea tout à coup avait contribué à porter la maladie à un état aigu. Telle était cependant la force de sa constitution que, malgré les sept mois de souffrances plus ou moins grandes qui avaient précédé, elle se remit assez promptement et reprit

1. Lettre à M^me D.

ses habitudes de vie, celles d'intérieur du moins; l'on put croire que cette crise passée, la santé lui reviendrait tout entière. Le 16 avril, j'écrivais :

Voici douze jours qu'Amélie garde le lit, qu'elle a pris le jeudi 4, après la visite du médecin. Elle était sortie deux jours auparavant, par un temps encore trop frais, et avait été reprise d'une toux violente. Aujourd'hui elle va mieux, mais j'ai eu beaucoup d'inquiétude.

Cette convalescence, n'était, hélas! qu'une fausse convalescence. Tout le monde était heureux autour d'elle, mari et amies; on rendait des actions de grâce à la Providence, le sourire avait remplacé les larmes. Je formais déjà des projets de vacances dans quelque site bien choisi, à l'air pur et vivifiant. « Aveugles que nous sommes ! » Pauvre cœur, qui a tant besoin d'affection, de bonheur, qu'il ne peut croire à la séparation! Cette éclaircie dans notre ciel fut de bien courte durée. Le 12 mai, un dimanche, par un beau temps, même un peu trop chaud, nous avions fait un tour au Ranelagh : la prescription du médecin autant que l'impatience d'une si longue claustration, le désir surtout de retrouver plus vite ses forces et son activité, la poussaient à ces sorties peut-être prématurées. Cette fois encore la toux reparut, violente, déchirante, mais qu'elle supportait avec une fermeté, une résignation incroyables. Prise de fièvre, légère d'abord, le 16 elle fut obligée pour la seconde fois de s'aliter.

Dirai-je toutes les phases de cette maladie dernière, nos alternatives d'espoir et de découragement, les angoisses de ces quatre-vingt-dix-neuf jours qu'elle avait encore à vivre, ou plutôt à souffrir ? Il vaut mieux parler de son admirable courage, de sa patience angélique, de sa grâce, de son affection souriante pour ses amies, de son esprit toujours vif, toujours aimable, soit dans les conversations auxquelles elle se plaisait avec ceux qui la visitaient, soit dans les quelques lettres qu'elle écrivait.

Après cette seconde rechute, elle avait pris le lit pendant quatorze jours (16-29 mai), mais sans que son médecin cessât d'affirmer un prochain rétablissement. Au début du mois de juin, elle fut assez bien pour rester levée presque toute la journée. « Vous pouvez vous rassurer, lui disait en plaisantant le docteur, je vous soignerai encore pour bien des maladies comme celle-là ». C'est pourtant alors qu'elle commença d'être en proie à des souffrances intolérables qui pendant deux mois et demi firent d'elle une véritable martyre.

Jusque-là elle n'avait ni perdu le sommeil, ni éprouvé de grandes douleurs. Mais à partir du 2 juin, elle à en ressentit de fort vives dans la partie droite du dos, côté où le poumon avait le plus souffert. Elles augmentèrent bientôt tellement que le moindre contact de l'oreiller sur ce point lui devint insupportable, ce qui amena les plus cruelles insomnies. A peine trouvait-elle au lit quelques moments de repos. Aussitôt couchée, la douleur la réveillait, et c'est repliée sur son séant, croisant ses pauvres mains amaigries sur ses genoux, la tête appuyée sur une tablette improvisée, qu'elle achevait ces nuits horribles. Le plus souvent, elle les abrégeait en se levant et réussissait à goûter dans un fauteuil un peu de sommeil. Ses forces, quoique très diminuées, lui permettaient cependant encore de passer la journée levée, de surveiller sa maison, de recevoir quelques amies, de causer avec la liberté d'esprit d'autrefois. L'espoir ne l'avait pas abandonnée. Si plus tard, dans ses souffrances croissantes, un jour elle appela la mort comme une délivrance, ce fut plutôt en un cri inconscient arraché par la douleur, que par un acte de volonté, expression d'un désir. Elle voulait vivre en effet, vivre pour son mari à qui elle se sentait nécessaire et que sa mort laisserait absolument seul dans le monde. Ses douleurs de dos n'avaient pas d'ailleurs alarmé le médecin, qui constatant une grande amélioration dans l'état du poumon, ou y croyant, les appelait « des douleurs paradoxales ». Le 11 juin, il se prononça pour un séjour au bord de la mer, à Beuzeval, de la mi-juillet au commencement de septembre. Le retour des forces paraissait presque exclusivement le préoccuper.

Cette prescription effraya tout le monde, excepté la chère malade. Il semblait que la santé, l'activité, avec tout son cortège d'occupations intelligentes, d'amitiés, de promenades charmantes, l'attendissent aux bords de la Manche et l'appelassent sur ces plages où autrefois elle avait été si heureuse. Mon sentiment était tout autre, je ne pouvais m'empêcher de redouter, outre la fatigue du voyage, les variations de température si fréquentes sur ces côtes, l'humidité et la vivacité de l'air. Un séjour à une quinzaine de lieues de Paris, dans un site boisé et bien abrité, à Bois-le-Roi par exemple, aurait beaucoup mieux satisfait ma raison.

Ce fut le parti de Beuzeval et de la mer qui l'emporta. Que ne m'y suis-je opposé ! Cette convalescence, qu'on allait chercher si loin et au prix de tant de risques, peut-être n'y avait-il qu'à s'en remettre au temps seul pour la consolider. En dépit des insomnies, l'appétit avait augmenté. Amélie avait retrouvé assez de forces pour « surveiller », disait-elle, en réalité pour faire elle-même tous ses préparatifs de départ, car elle ne s'en fiait jamais qu'à elle pour cette importante affaire. Autrefois je la plaisantais sur un tel excès de zèle et de précautions : à ce moment j'en fus navré, tandis qu'elle s'y livrait presque avec son ancienne joie.

Le sort en était jeté. Le mardi 16 juillet, après un mois et demi de convalescence, ou plutôt de l'apparence, nous partîmes pour Beuzeval par le rapide de 1 h. 30. La veille même le docteur s'était assuré de l'état du cœur par une auscultation attentive. Il n'y avait rien trouvé d'anormal. Vanité de la science ! Trente-sept jours plus tard, c'est par le cœur qu'elle périssait.

La fatalité s'attacha à nos pas, comme elle avait fait en 1894 au Rigi, comme récemment dans nos promenades au Ranelagh. La saison fut détestable. Pour quelques jours à peine de beau temps, combien d'orages, de pluies, de vent, d'humidité. Malgré son désir extrême, la chère malade ne put faire que quatre ou cinq promenades sur la plage, au moulin Landry, à la ferme, dans le voisinage de l'hôtel Imbert où nous habitions. D'abord, son teint s'était avivé : c'étaient presque les couleurs de la santé. Mais tout changea avec le vilain temps, qui bientôt ne cessa plus. Les étouffements, qui à Paris étaient supportables, augmentèrent de plus en plus : l'insomnie redevint presque complète. C'est alors que je l'entendis, elle si patiente, si courageuse toujours, pousser ce cri désespéré : « Dieu ne me rappellera-t-il donc pas bientôt à lui ! » Ces magnifiques couchers de soleil sur la mer, auxquels elle était autrefois si sensible, et dont ici elle pouvait jouir de ses fenêtres, la laissaient presque indifférente. Peut-être sa pensée était-elle ailleurs, entrevoyant déjà cet autre monde où luit « la vraie lumière », la lumière qui ne s'éteint pas. Qui le dira ? car, soit par résignation chrétienne, soit pour ne pas percer le cœur de son mari, elle gardait le silence sur ces suprêmes méditations. Une seule fois, elle lui dit, comme contrainte par la douleur : « Ah ! mon ami, il faudra que tu t'habitues à l'idée de me perdre ! ». Il semble qu'elle ait regretté aussitôt ces paroles, car elle ne revint plus jamais sur ce sujet. Mais quelques mots échangés avec une amie sur le triste sort qui après elle attendait son mari, prouvent que cette pensée ne la quitta pas et ajouta aux angoisses de ses derniers jours.

Le 23 juillet, très inquiet, j'avais écrit à notre médecin de Paris pour lui demander si, comme je le pensais, nous devions quitter Beuzeval ; et la réponse avait été pour la continuation de ce séjour [1].

Au milieu de ses souffrances, elle trouvait dans l'ardeur de son amitié assez de force et même d'enjouement pour adresser à ses amies d'aimables lettres : la main seule était affaiblie, l'âme restait calme et sereine. Le 29 juillet, elle écrivit deux lettres, l'une à une amie de Suisse, qui se plaignait de ne pas la voir cette année au Rigi, l'autre à M^me^ D.

Je vais, lui disait-elle, vous écrire quelques lignes seulement parce que ma main tremble ; c'est vous dire que je ne vais pas bien. Je suis toujours d'une faiblesse excessive, je ne dors toujours pas, et le peu que je dors c'est dans un fauteuil, cela me fatigue beaucoup, aussi j'ai les chevilles enflées ; du reste,

1. Lettre du 15 juillet. « Ici, nous avons, écrivait-il, très chaud, beaucoup trop chaud. La malade ne gagnerait rien à revenir dans ces conditions ».

elles l'étaient déjà avant que je ne quitte Paris. Notre médecin nous conseille de faire venir un médecin de Trouville, mais j'en ai assez, je ne veux plus en entendre parler... Voilà quinze jours demain que nous sommes ici et je n'ai pas encore pu aller me promener dans la campagne, je vais seulement sur la plage en face de chez moi, et j'y prends froid, comme je l'ai fait hier, ce qui n'avance pas mes affaires. Je me demande chaque jour si je pourrai faire mes six semaines ; du reste, je ne suis pas plus mal, ni plus faible.

Au revoir, ma chérie, toutes mes amitiés pour vous et votre mari ; je vous embrasse de tout mon cœur.

Lorsqu'elle écrivait ces lignes, son état s'était aggravé. Elle renonça bientôt à sortir, trouvant déjà trop fatiguantes les deux ascensions qu'elle devait faire pour remonter dans sa chambre après chaque repas. Quel douloureux spectacle n'était-ce pas de la voir monter cet escalier comme un autre calvaire, s'arrêtant longtemps à chaque palier. Un docteur célèbre de Paris[1], ce que nous n'apprîmes que plus tard — laissait percer la compassion sur son visage sympathique. La discrétion seule, qui lui faisait craindre l'ombre d'une gêne pour les autres quand il s'agissait d'elle, l'empêcha de le consulter, sachant que les médecins aiment à garder un incognito prudent pendant leurs vacances. La nuit, ses douleurs dorsales étaient devenues de plus en plus vives. Le 31, elle se décida enfin à voir un médecin de Houlgate, le Dr Waille, réputé excellent. Hélas ! il constata que le cœur, qu'on croyait intact, était pris, et conseilla le retour à Paris si le temps ne se mettait pas promptement au beau. Eut-elle tort ? Elle voulut ne quitter qu'à la

1. Le Dr Simon Duplay.

dernière extrémité un pays où elle espérait retrouver la santé. La crainte d'augmenter, par ce séjour dans un hôtel d'où le bien-être était absent et où les soins pourraient lui manquer, les anxiétés de son mari, la décida, plus que toute considération pour elle, à revenir à Paris. Ce douloureux retour eut lieu le mardi 13 août.

Elle s'efforça cependant d'en adoucir la tristesse par son enjouement, quelquefois par son sourire. A Trouville le changement de wagon lui fut très pénible et me donna beaucoup d'inquiétude. Partis de Beuzeval à 1 h., nous étions à Paris à 6 h. Place du Hâvre, elle voulut descendre de voiture pour faire une petite emplette chez le pâtissier Bourbonneux et je ne pus l'en empêcher. Quand nous la vîmes enfin paisiblement installée dans sa chambre, s'occupant de quelques détails domestiques malgré tant de fatigues, nous crûmes que de plus cruelles épreuves nous seraient épargnées, que le repos, le bien-être, les soins attentifs, effaceraient les effets de ce malheureux voyage. Ses forces étaient encore assez grandes pour qu'elle ait pu ne pas abréger plus qu'à l'ordinaire la soirée de cette longue journée.

La vivacité de son intelligence était la même, sa sollicitude pour son mari, pour tous ceux qu'elle aimait, s'exprimait en mots aussi tendres, aussi charmants que jamais. Quelques jours à peine, quelques heures, allaient tout changer. Fut-ce le progrès latent de l'affection du cœur qui s'était si inopinément et si récemment révélée ; ou l'effet d'une médication dans laquelle la digitale entrait pour une grande part ? Le 19 août, trois jours après cette nouvelle prescription, la pauvre malade commença à tomber dans des assoupissements que jusque-là elle n'avait pas connus. L'action seule d'ailleurs s'en ressentait, non l'intelligence; car elle entendait tout ce qui se disait autour d'elle, et quand elle parlait, sa parole était toujours aussi vive, aussi lucide : mais tout mouvement lui était horriblement pénible. Néanmoins elle n'avait pas repris le lit et se levait comme d'habitude. Le mercredi 21, le médecin — un nouveau, car, par une fatalité acharnée, notre médecin habituel était depuis le commencement du mois en villégiature, — essaya de réagir contre cet état par un excitant, la caféine. Ce jour même, elle causa encore un peu, et très aimablement, avec un ami, M. Henri G., venu nous voir. Cependant elle se décida à appeler en consultation le Dr Duguet. La nuit fut terrible. Comme toutes les nuits depuis trois mois, elle voulut se lever, s'asseoir dans son fauteuil, où ses douleurs étaient moins violentes. Mais avec quels efforts douloureux, quelle lenteur, y parvint-elle. *Attends! attends!* me disait-elle, pendant que je l'aidais à se soulever. Et en effet, en s'y prenant à bien des fois, et avec un courage, une patience admirables, elle réussit à gagner son fauteuil, où elle passa le reste de la nuit : sa dernière! Le lendemain, elle ne prit pour nourriture que du lait; le soir devait avoir lieu la consultation décidée la veille. Vers les deux heures, son amie Mme D... vint la voir, et avec un élan de cœur adorable, elle s'écria en la voyant : « C'est cette chère amie, cette excellente amie. Ah! je la reconnais bien là! » A ce moment elle se tenait de plus en plus courbée, et eut beaucoup de peine à prendre la caféine qui lui avait été prescrite. Cette potion l'avait jetée dans une agitation qui, jusque-là ne s'était jamais produite. Elle qui ne s'était pas encore plainte, poussait parfois quelques faibles cris ou plutôt quelques gémissements de douleur. Cependant à la demande que je lui adressai si elle souffrait, elle me répondit que non. En voyant cette agitation, qui succédait à l'assoupissement des jours précédents, sa garde lui disait : « Oui, vous luttez contre cet engourdissement, vous cherchez à vous reprendre ». — « Ah ! Madame, c'est cela, c'est bien cela », et son accent était si doux, si pitoyable en même temps, que les larmes nous en vinrent aux yeux. Vers quatre heures et demie, on lui donna une cuillerée de potion, mais avec tant de difficultés, car sa tête touchait sa poitrine, qu'on désespéra presque d'y parvenir. Cela l'avait beaucoup fatiguée ; et à genoux près de son fauteuil, je lui demandai anxieusement comment elle se trouvait, si elle souffrait ? « Non, répondit-elle ». En même temps, elle me prenait la main, la portait à ses lèvres, et je les sentis s'y imprimer convulsivement. Ce fut même une légère morsure. Resté près d'elle, il me sembla que le calme avait succédé au trouble qui l'agitait. Je respectai ce calme comme un bienfait. C'était celui de la mort. Lorsque, peu après, je voulus prendre sa main, cette main était froide. Le baiser qu'elle avait mis quelques instants auparavant sur la mienne avait été son dernier baiser : cette pression convulsive de ses lèvres, de ses dents, avait été la convulsion de la mort. Des larmes coulaient encore de ses pauvres yeux fermés, et c'étaient ses larmes d'adieu, des larmes aussi de pitié, de douleur sur ce que je deviendrais après le départ de celle qui était tout pour moi.

Il était cinq heures.

Par une cruelle ironie du sort, le soleil qui était resté voilé pendant presque tout notre séjour à Beuzeval, brillait depuis notre retour de tout son éclat ; et ce beau temps, qui venu plus tôt l'aurait sauvée, dura avec une persistance exceptionnelle jusqu'au mois de décembre. Que n'étions-nous allés, comme je le voulais, dans quelque campagne voisine, à l'air doux et tempéré, où cette longue prolongation de l'été lui eût été si salutaire!

Lorsque les médecins se présentèrent pour la consultation, depuis une heure Mme Eugène Asse n'existait plus.

Ainsi disparut de ce monde, pour remonter à Dieu, l'âme la plus belle, la plus tendre, la plus charmante qui fut jamais. La mort en avait respecté la céleste empreinte sur son visage, qui, avec la fin des douleurs terrestres, avait repris son calme et sa sérénité d'autrefois. Jamais son front, où l'intelligence était si puissamment marquée, ne me parut plus beau que sur cet oreiller où elle dormait son dernier sommeil. Ses lèvres pâlies avaient encore leur doux sourire.

Sa dépouille mortelle, après la cérémonie religieuse qui eut lieu, le lundi 26 août, à l'église Notre-Dame-de-Grâce de Passy, a été transportée au cimetière de Mareil-Marly. C'est là qu'elle repose, auprès de mon père et de ma mère, sur la tombe desquels nous étions venus si souvent nous agenouiller et prier ensemble.

# APPENDICE

Nous donnons ici deux lettres écrites pendant le séjour de 1868 à Villers, et un article paru au *Moniteur Universel* du 7 août 1882 où est raconté le second voyage dans les Vosges. Ils complètent ce que nous avons dit sur ces deux excursions.

*M. Eugène Asse à M. Auguste Asse.*

Villers-sur-Mer, dimanche 9 août 1868.

Mon cher père,

Nous ne sommes partis que le samedi 8 août, et bien nous en a pris, car nous étions très fatigués par nos derniers préparatifs, et moi en particulier par les affaires que j'avais été obligé de terminer.

Nous avons pris le train de 11 h. 25, et sommes arrivés à Trouville à 5 heures.

La route, sans être très pittoresque, est charmante par la fraîcheur des gras pâturages qu'on traverse et les beaux horizons. Comme villes, je n'ai guère remarqué que les deux belles tours gothiques d'Évreux. J'aurais voulu apercevoir, ne fût-ce qu'au bout de l'horizon, Bernay, qui me rappelle notre bon curé Normand[1] ; mais je n'en ai même pas vu le nom en peinture.

1. M. l'abbé Thibierge, curé de Grandcamp, vieil ami de mon père.

Lisieux et ses environs paraissent charmants[1]. C'est l'Industrie mêlée à la Nature, les usines aux fermes et aux maisons de compagne. Les maisons normandes sont très pittoresques, avec leur grand toit de chaume tombant presque à terre, leurs murs rayés de blanc et de noir, tout comme les jupons de leurs habitantes, ou bien encore leurs pignons d'ardoises qui les font ressembler à la carène d'un navire toute goudronnée.

Tu connais, je crois, Trouville avec ses maisons de briques qui s'échelonnent en amphithéâtre autour du port et le long de la Touque. La mer était admirable de calme et de lumière étincelante, et par-dessus tout son bruit majestueux. Quelques voiles blanches à l'horizon, et au port des bateaux pêcheurs. Après une demi-heure d'attente pour les bagages, et certaines appréhensions pour leur sort, car nous avions perdu notre bulletin, nous sommes enfin partis pour Villers, au complet et sains et saufs.

Villers est très joli. Je crains seulement qu'il n'y manque l'accessoire obligé : des pêcheurs. Nous avons eu beaucoup de peine à trouver un gîte. Enfin, en voici un, à peu près convenable[2], et je t'écris aussitôt. J'espère que tout se sera bien passé aussi de ton côté[3]. Cependant j'attends avec impatience les nouvelles que tu m'as promises. N'y manque pas, poste pour poste ; ne fût-ce qu'un mot.

Ma femme se joint à moi pour t'embrasser, et te faire toutes nos recommandations affectueuses pour ta santé.

Villers, 28 août 1868.

Mon cher père,

Ta seconde lettre m'a fait un plaisir infini, car j'y ai vu que la grande fatigue de ton voyage avait disparu, et que tu étais satisfait du régime des eaux. Partout, ici comme aux Eaux-

1. Nous avions là un ami, M. Renault, ancien chef de bureau au ministère de l'Instruction publique.

2. Maison Boulvrais, rue de Dives.

3. Mon père, comme on l'a vu, p. 33, était allé dans les Pyrénées.

Bonnes, ce régime n'a rien de récréatif ; c'est toujours chose fort désagréable d'être obligé, à heure fixe, de suivre une médication quelconque. Les bains nous font un grand plaisir et un grand bien. Cependant nous sommes toujours très heureux quand nous en sommes débarrassés ; uniquement à cause du déshabillage et de l'habillage qui en sont la conséquence. Ces bains de mer sont vraiment excellents ; à ce point, qu'après une assez longue promenade, étant allé ensuite à la mer, je me suis trouvé remis de toute ma fatigue comme par enchantement, et aussi dispos que jamais.

Nous avons eu le beau spectacle d'une tempête. Les vagues balayaient complètement la digue, et se brisaient avec furie contre les falaises voisines.

Rien de plus sombre et d'un plus grand caractère que ces falaises. Composées de terre glaise, elles sont sombres comme la nuit, et craquelées comme une terre brûlée, calcinée par le soleil. Les amateurs disent que cela donne l'idée de l'Enfer de Dante. Nous avons été visiter un endroit très pittoresque, auquel on a donné les noms de *Chaos* et de *Désert*. Tous deux sont situés entre les herbages magnifiques qui forment le sommet des falaises et leur pied que baigne la mer... Ce sont des rochers écroulés en mille blocs aux formes bizarres, couverts d'un gazon ras et d'arbustes au feuillage d'un vert bleuâtre, au milieu desquels paissent quelques chevaux en liberté. Un peintre[1] qui croquait ce site, prétendait que cela rappelle la Grèce : sans doute, l'entrée du Tartare ; à moins que, par un beau soleil, le tout ne se change en une vallée de Tempé. Il y manquera toujours Daphnis et Chloé, car rien n'est plus laid que les paysans normands[2].

Toutes ces excursions nous coûtent peu de peine, car elles sont à peu près à notre porte : en somme, nous restons

1. M. Louis Lamothe, accompagné de sa femme et de son jeune fils. Élève d'Ingres et d'H. Flandrin qu'il aida dans ses travaux de Saint-Germain-des-Prés, il était né en 1822 et mourut le 15 décembre 1869.

2. Je rencontrai aussi cette année à Villers, mon illustre confrère du Palais, Léon Duval, qui y venait souvent de sa propriété d'Anguetôt, à Blonville-sur-Mer, où il s'était fait construire, dans un herbage séparé, un pavillon, les *Buquets*, dont il faisait sa retraite favorite de travailleur un peu sauvage.

beaucoup au logis ; des pluies nombreuses, quoique de courte durée, y contribuent... J'espère que si, où tu es, tu ne peux aller chercher les sites pittoresques, tu en as du moins quelque vue de ta fenêtre, d'où tu dois apercevoir les Pyrénées, et l'on dit que c'est le plus beau spectacle du monde... Je n'ai encore reçu aucune lettre de rappel de M. de V., mais je crains qu'elle ne m'arrive. Cependant, comme il me l'a dit, ce ne sera qu'en cas de nécessité absolue.

Nous t'embrassons bien affectueusement, ma femme et moi.

---

## UN TOUR EN ALSACE

7 août 1882.

Si attachants que soient nos romanciers, quelque plaisir que l'on goûte à lire nos historiens et à vivre dans l'idéal avec nos poètes, il arrive cependant un moment où l'on éprouve le besoin de quitter les livres pour la nature, de prendre quelques jours de repos et de vacances. C'est ce qui vient de nous arriver ; tout en mettant à profit nos jours de repos pour revoir ce magnifique pays d'Alsace, qui est aujourd'hui pour nous ce qu'était le Paradis perdu pour nos premiers parents. C'est par la route de Gérardmer que cette année nous avons gagné la magnifique vallée de Munster et cette merveilleuse station des Trois-Épis, qui peut rivaliser avec les sites pittoresques les plus vantés. Ce petit voyage a eu aussi pour nous un côté fort instructif.

Partis le matin de Paris, nous couchions le soir à Gérardmer, après avoir vu passer sous nos yeux cette succession de charmants panoramas des bords de la Marne, de la Meuse, puis de la Moselle, que longe presque continuellement le chemin de fer. Le soir allongeait déjà les grandes ombres des sapins de Kichompré, lorsque nous arrivions à cette première étape. Situé dans une fraîche vallée, près d'un lac dont les rives sont formées ici par les pentes abruptes de sombres forêts, là par des collines sur l'herbe desquelles sèchent de grandes bandes de toiles brillantes au soleil, Gérardmer est assurément un lieu fort agréable, mais qui manque de ce calme dont à certains jours on sent le besoin, et qui par instants est trop rempli du bruit d'une petite ville.

Le lendemain, à trois heures du matin, nous étions réveillé par les clairons d'un régiment de ligne qui manœuvre dans la montagne, et qu'accompagne une batterie d'artillerie. Ce n'est pas que ce spectacle militaire nous ait déplu, bien au contraire : nous aimons à voir nos soldats s'exercer ainsi aux fatigues d'une campagne et apprendre *sur place* la géographie de nos frontières. La France n'a pas à se cacher d'exercer ses soldats : elle en a le droit et même le devoir. Mais si elle voulait en faire mystère, ce serait peine inutile. Les officiers allemands surveillent tous ces mouvements, et rien ne les intéresse plus que de savoir si une pièce de canon a pu passer par tel ou tel sentier, et si une batterie a pu être établie sur tel ou tel point. Aussi, à peine nos soldats ont-ils décampé, que des officiers prussiens en bourgeois viennent s'enquérir de ce qui s'est fait, et prendre note de ces marches et contre-marches. Qu'y faire? Leur rendre la pareille, ce que peut-être nous ne faisons pas assez.

Les environs de Gérardmer sont charmants, et célèbres à bon droit : la allée de la Creuse, celle de Ranberchamps et des Granges, les bois de Kichompré abondent en vues gracieuses ou grandioses. Cependant, comme toutes ces beautés sont assez éloignées, et qu'il faut les gagner sous un soleil torride, quand ce n'est pas sous la pluie que les vapeurs du lac rendent assez fréquente, nous ne sommes pas fâché de quitter Gérardmer, dont l'hospitalité d'ailleurs n'a rien de l'hospitalité écossaise, pour la vallée de Munster plus verdoyante, plus grandiose et plus pittoresque. Deux heures suffisent pour gagner le passage de la Schluch, en longeant les beaux lacs de Longemer et de Retournemer. A un quart d'heure du chalet Hartmann, on jouit, du rocher de la Schluch, de la vue la plus admirable qui se puisse voir sur la vallée de Munster, qui se déroule à vos pieds, tandis qu'à gauche s'élèvent les doubles sommets du Honeck, et un peu plus loin du ballon de Guebwiller, la plus haute montagne d'Alsace. La descente jusqu'à Munster est un enchantement perpétuel de gracieuses vallées, de sombres forêts, de montagnes dont de légères vapeurs viennent couper les sommets.

Par le chemin de fer de Munster à Colmar nous gagnons la petite ville de Turckheim, où il y a deux cents ans grondait le canon victorieux de Turenne dont la victoire sur les Impériaux donnait l'Alsace à la France, et de là les Trois-Épis, ce cap avancé qui de ses 700 mètres d'altitude domine d'un côté toute la vallée de Munster, et de l'autre toute la plaine d'Alsace, de Mulhouse à Strasbourg.

De quelle paix profonde, de quel panorama splendide on jouit du grand Hôtel des Trois-Épis, dont le propriétaire, M. Fidèle Petitdemache, vous accueille avec cette bonhomie alsacienne qui a tant de charme. De ma fenêtre, le lendemain, j'aperçois, à six heures du matin, la chaîne tout entière des Alpes, avec ses sommets glacés brillant aux lueurs du soleil levant.

Il faudrait le pinceau du peintre ou la plume du poète pour donner une idée des sites si admirablement pittoresques qui abondent autour des Trois-Épis : la cime du grand Honack avec ses entassements de pierres druidiques ; le petit Honack avec les ruines de son château que la légende a consacrées, et d'où l'on aperçoit la vallée d'Orbey et au loin les taches miroitantes du lac Blanc et du lac Noir; le sommet du Gals d'où l'on découvre les ruines du Hohkœnigsbourg et la flèche de Strasbourg, le sentier Louise et ses sombres sapins, la roche du Corbeau, etc., etc.

Toutes ces beautés revivent heureusement dans un petit livre de poésies allemandes composées par un des Alsaciens les plus remarquables de ce temps, M. Stœber, qui est à la fois un poète plein d'inspiration et un érudit distingué : nous traduisons la pièce suivante de ce livre, que nous avons trouvé dans la bibliothèque fort bien garnie du Grand-Hôtel des Trois-Épis :

LA ROCHE DU CORBEAU[1]

C'est là qu'autrefois les sorcières avait fait leur
demeure — Sur ces murailles
de rochers moussus — Depuis longtemps elles se
sont dispersées — S'envolant
comme une troupe de corbeaux dans la campagne.

Et là où jadis la petite socière — Menait
la danse à la clarté de la lune — Là
s'assied à la clarté du soleil — Un cercle
gracieux de jeunes femmes florissantes —

Quelle douce clarté dans leurs regards —
Et comme leurs chants ensorcellent l'âme! — Ami,
prends garde à toi — Plus d'une
adorable sorcière est encore assise
au milieu d'elles.

Parmi les Colmariens que nous avons retrouvés aux Trois-Épis, nous n'oublierons pas ici la famille Hitschler, alliée à notre célèbre romancier Erckmann, si gracieuse, si instruite, si zélée pour toutes les choses de l'esprit. Puissent ces lignes leur parvenir comme un souvenir ému de notre séjour dans cette belle contrée ! [2]

1. *Drei-Aehren in Ober-Elsass, Gedichte von A. Stœber*. Strasbourg.

2. Dans la *Nouvelle Revue Internationale*, du 30 septembre 1888, a paru sous ce titre, *Un Séjour au bord du lac des Quatre-Cantons*, un article où sont réunis mes souvenirs du Rigi de 1883 et de 1886.

FAC-SIMILE

Fac-similé de sa dernière lettre.

le 4 août 1895

Beuzeval sur mer
Calvados)

Merci, chère madame, pour votre bon souvenir ; votre petit mot nous fait un plaisir infini ; il est venu nous trouver à Beuzeval sur mer où le médecin m'a envoyée pour que je reprenne des forces. car je suis toujours très malade depuis le Siège et toujours de plus en plus malade. je suis telle-ment changée que vous ne me reconnaîtriez pas. mais c'est assez parler de moi. causons un peu de choses plus amusantes

Melle Joséphine doit être mariée depuis longtemps ; peut-être travaille-t-elle activement à la layette d'un futur petit docteur. Et Monsieur Louis : il doit certainement être heureux comme un roi car il est encore dans la lune de miel. Et vous chère madame ? et cette petite fille : cela ne vient donc pas puisque vous ne m'en dites rien. Vous m'écrirez une longue lettre où vous me direz tout cela et d'autres choses encore.
Comment peut-il se faire que la

source sainte soit tarie ! cela doit être un mauvais tour du grand hôtel

Vous ne me parlez pas de votre mère j'espère que plus heureuse que moi elle va toujours bien.

Nous n'avons plus entendu parler de Mr l'abbé, peut-être le verrez vous au Righi.

Nous avons un temps détestable ici, ma chambre a un balcon qui donne sur la mer ; ce matin elle était furieuse et pendant que je vous écris je la vois au loin toute couverte de moutons on appelle ainsi les vagues blanches qui annoncent une grosse mer. Je ne sais pas si vous avez chaud au Rigi mais ici il fait très froid.

Écrivez-moi, parlez moi de tous les vôtres, dites moi comment vous avez passé l'hiver qui a été si froid

Rappelez nous au souvenir de tous ces gens heureux et particulièrement à celui de votre mère

Mon mari vous présente ses respects et moi je vous envoie mes bien sincères amitiés

Amélie Osse

# ADDITIONS ET CORRECTIONS

Page 6, l. 5, *corrigez :* 1832, au lieu de 1833.
P. 19, l. 22, *lisez :* plutôt élevée que.
P. 20, l. 16, *lisez :* ses parents chéris.
P. 21, l. 2, *lisez :* par quelque subterfuge, à éviter.
P. 30, l. 5, *lisez :* unir à l'avance.
P. 31, l. 1, *ponctuez* ainsi : bien choisies, qui furent.
P. 33, l. 14, *ponctuez* ainsi : trop avare, hélas !
P. 35, l. 13, *lisez :* que nous venions de traverser sous l'aile de la mort.
P. 48, l. 29, *ajoutez* en note :

Cette maison me venait de mon père.

P. 74, l. 9-10, *lisez :* sans émotion.
P. 107, l. 5, *lisez :* sur la vallée de Munster.
P. 108, l. 23, *lisez :* ses joies.
P. 119, l. 20, *lisez :* dimanche.
P. 129, l. 1, *ajoutez* en note :

Œhlenschlæger, dans son drame *Hugo de Rheinberg* (1813), a ains décrit très exactement cette chapelle Saint-Laurent au Rigi-Kaltbad :

KUNIGUNDE

Bist aus der Schweiz, mein Sohn ?

DETLEFF

Vom Rigiberge, wo die kleine Kirche
Eng' eingeschlossen, von drey Felsenstücken.
Die dort den engen Hof in Viereck bilden
Vor alter Kirchenthür.

KUNIGUNDE

Ganz recht ! dort rinnt
Ein heil'ger Quell, zu dem die frommen Bauern
Vom Lande pilgern.

ACHEVÉ D'IMPRIMER

LE XXII AOUT MDCCCXCVII

PAR LA

SOCIÉTÉ TYPOGRAPHIQUE

DE

CHATEAUDUN

www.ingramcontent.com/pod-product-compliance
Ingram Content Group UK Ltd.
Pitfield, Milton Keynes, MK11 3LW, UK
UKHW020244180726
13839UKWH00001B/159

9 782329 454740